# Schiffs-Speisekarten

aus der Sammlung Peter Tamm

**Essen und Trinken auf See**

# Schiffs-Speisekarten

aus der Sammlung Peter Tamm

## Essen und Trinken auf See

Alexander Rost · Peter Neumann
Wissenschaftliches Institut für
Schiffahrts- und Marinegeschichte, Hamburg

Koehlers Verlagsgesellschaft mbH · Hamburg

Die Deutsche Bibliothek - CIP-Einheitsaufnahme

**Schiffsspeisekarten aus der Sammlung Peter Tamm:**
Essen und Trinken auf See
Hrsg.: [Hamburg Messe und Congress GmbH,
Dienstleistungsgesellschaft für Schiffahrts- und Marinegeschichte.
Text: Alexander Rost.] 2. überarb. Aufl. - Hamburg, 1996
ISBN 3-7822-0678-9
NE: Rost, Alexander; Koehlers Verlagsgesellschaft mbH;
Schiffsspeisekarten

**Impressum**

Herausgeber: Hamburg Messe und Congress GmbH


Text: Alexander Rost
Lektorat: Russalka Nikolov
Graphische Gestaltung: Peter Neumann, YPS, Hamburg
Lithographie: Litho- und Scannertechnik, Kiel
Druck: K.O. Storck & Co. Verlag und Druckerei GmbH, Hamburg
Printed in Germany

ISBN 3-7822-0678-9

# Inhalt

*Park Hotel Teufelsbrücke um 1900 – heute Institut für Schiffahrts- und Marinegeschichte an der Elbchaussee.*

# Einführung

**Essen um zu Überleben, Speisen als Ausdruck vollendeten Genusses. Nirgendwo treffen die Extreme härter aufeinander als in der Seefahrt. In diesem Buch wird die ganze Geschichte zum ersten Mal erzählt.**

Die See ist die Quelle der Menschheitsgeschichte. Quellenforschung zu betreiben, ist der Sinn meines Wissenschaftlichen Instituts für Schiffahrts- und Marinegeschichte. Dazu dient die Sammlung von Dokumenten, Bildern, Modellen und den Gegenständen, die das Geschehen der Vergangenheit uns überliefern – frei von Vorurteilen. Instrumente, Geräte, Waffen, Uniformen; sie halten Vergangenheit lebendig. Kenntnis der Geschichte ist die Voraussetzung für das Verständnis der Gegenwart. Die Vergangenheit angesichts von Originalen mitzuerleben, ist eine spannende Angelegenheit. Schiffsspeisekarten sind dafür nur ein Beispiel.

In ihnen spiegelt sich Schiffahrtsgeschichte als ein Stück Kulturgeschichte. Sie haben den Anlaß zu diesem Buch über „Essen und Trinken auf See" geboten. Entstanden ist es in Team-Arbeit von Alexander Rost der den Text schrieb, dem Photograph und Graphiker Peter Neumann und der Kunsthistorikerin Russalka Nikolov, die ständige Mitarbeiterin in meinem Institut ist. Den Anstoß dazu gab die Hamburg-Messe. Die Schiffsspeisekarten erzählen Geschichten, die einen lehrreichen und zugleich unterhaltsamen Einblick in die große Geschichte der Schiffahrt bieten. Sie lenken die Aufmerksamkeit auf oft dramatische Ereignisse und vermitteln reizvolle Eindrücke von Alltäglichkeiten auf See, ob auf Wikingerbooten, Windjammern, Luxus-Linern oder Kreuzfahrtschiffen. Sie sind Quelle von Geschichten, die an Land weithin unbekannt sind. In diesem Buch werden sie erzählt.

In den Geschichten, zu denen die Schiffsspeisekarten anregen, wird die maritime Weltgeschichte bis in Einzelheiten deutlich. Der Satz von der Wahrheit, die im Detail wohnt, enthält auch die Grundregel für die Durchforschung der Vergangenheit, wenn sie der Gegenwart von Nutzen sein soll. Wie auf den Karavellen des Kolumbus gekocht wurde, wie die Kombüse eines U-Bootes im Zweiten Weltkrieg aussah und wieviele Köche die Passagiere von Luxuslinern verwöhnten, zum Beispiel in solchen Einzelheiten entstehen unverfälschte Vorstellungsbilder vom Ablauf historischen Geschehens, von dem meist nur das Ergebnis noch bekannt ist.

Wie Nelsons Matrosen verpflegt wurden, welche Rolle das Brot für den Seemann spielte, welcher „lebende Proviant" auf den Windjammern geschätzt wurde, mit solchen Einzelheiten wird von der Geschichte der Archivstaub gewischt, unter dem sie in den Verdacht der Langweilerei gerät und in Vergessenheit versinkt. Mit Bildern, in deren Motiven und Ausführungen sich Wünsche und Wirklichkeit vergangener Epochen äußern, und einem Text, der die Brücke vom Gestern zum Heute schlägt, lädt dieses Buch zum Nach- und Miterleben der Schiffahrtsgeschichte im Alltag ihrer Epochen ein. In einer Fülle von Fakten wird deutlich, wie es war, als Essen und Trinken an Bord zu nichts anderem diente als zum Überleben für Arbeit und Kampf, und wie der Skorbut besiegt wurde. Erzählt wird, wie der Dampfer das Segelschiff verdrängte und die Technische Revolution auf See Fortschritte machte. Und wie der Luxus auf den Dampfern einzog. Aus der Perspektive des Speisesaals Erster Klasse wird der Prestige-Wettbewerb der seefahrenden Nationen betrachtet, die mit den Schnelldampfern ihre Wirtschaftskraft und ihren kulturellen Anspruch demonstrierten.

Der Charakter der verschiedenen Nationen, wie er sich bei der Ausstattung der Luxus-Liner zeigte, wird betrachtet. Erklärt wird, wie und warum die Jagd um das Blaue Band wirtschaftlich und politisch eine Rolle spielte. Erzählt wird, warum der erste deutsche Blaue-Band-Schnelldampfer als „Cocktailschüttler" in Verruf kam und was „Heizerflöhe" sind. Es wird klar, was den Steward an Bord vom Kellnerkollegen an Land unterscheidet und worin die Atmosphäre auf einem englischen „Cunard"-Liner von jener auf Frankreichs Ozeanriesen unterschieden war und wie die Mentalität der Völker den Lebensstil an Bord bestimmte, die amerikanische vor allem. Und wie sich dies in den Illustrationen auf den Schiffsspeisekarten niederschlug. Die Seekrankheit ist nicht ausgespart. Worin der eigentliche Luxus auf einem Schiff liegt, wird aufgezeigt. Und wie die Kreuzfahrtschiffe das Erbe der Luxus-Liner angetreten haben.

*Ständer mit Menükarte am Eingang zum Speisesaal der „Monte Rosa" (Hamburg-Süd).*

Die Schiffahrtsgeschichte ist eine Fundgrube für Geschichte jeder Art. In diesem Buch ist sie genutzt worden. Es ist aufschlußreich für jeden, der über den engen Horizont an Land hinausschauen will, und außerdem ist es auch vergnüglich.

Peter Tamm

*Wikinger-Schiffe als Motiv einer Speisekarte des griechischen Dampfers „Homeric", um 1950*

# Kein Koch an Bord

**Als die Schiffahrt erstmals hinaus auf den Ozean führte, wurden Essen und Trinken an Bord ein Überlebensproblem, das schwieriger als die Navigation zu lösen war.**

Verdursten konnten sie nicht. Der Regen fiel im Überfluß. Verhungert sind Noah und die Seinen auf dem ersten Schiff der Menschheit, erbaut nach den Plänen Gottes, drei Decks, bibelbekanntlich auch nicht. Ebenfalls auf Anweisung Gottes, der sich mithin als der erste aller Schiffsproviantmeister erwies, waren in der Arche genügend Vorräte für einen langen Aufenthalt verstaut; in den mehr als zehn Monaten, die verstrichen, bis die Sintflut wieder Land freigab, mußte keines der Tiere an Bord als Notproviant verzehrt werden. Soviel ungefähr weiß man von der ersten Fahrt zu Schiff, die freilich nur ein Umhertreiben war.

Nautische Kenntnisse wurden Noah nicht abverlangt. Doch was kam auf den Tisch der Arche? Was der „Mann der Ruhe", so die Bedeutung des Namens Noah, seine Frau, die drei Söhne und deren Frauen an Bord gegessen haben, und ob gekocht oder stets kaltes Büffet serviert wurde, weiß man nicht; und allenfalls zu erahnen ist, wie überhaupt auf Schiffen, als noch der Nebel der Mythen die wirklichen Geschichten umhüllte, Leib und Seele zusammengehalten wurden.

Die Argonauten, die unter dem Kommando von Jason, einem thessalonikischen Königssohn, weit ins Schwarze Meer ruderten und segelten, konnten sich zweifellos auf Inseln und an den stets nahen Küsten verpflegen. Ihre „Argo", das erste Schiff in der klassischen griechischen Sagenwelt, verkörperte übrigens sogleich jene „Dreieinigkeit von Krieg, Handel und Piraterie", die Goethe im „Faust", zweiter Teil, der Seefahrt zuschrieb. Die Argonauten, lauter bekannte griechische Helden, kehrten mit Beute heim. Einer anderen sagenhaften, aber namenlosen Crew hingegen wurden der Zwang, sich dann und wann und da und dort an Land sattessen zu müssen, und laxer Umgang mit fremdem Eigentum zum Verhängnis.

Als Odysseus auf seiner Irrfahrt die Insel Trinakria erreichte, untersagte er seinen ausgehungerten Gefährten die dort weidenden Rinder zu schlachten. Die Herde gehörte dem Sonnengott Helios. Der Hunger war stärker als die Furcht vor dem Überirdischen. Die Strafe für das verbotene Rindfleischmahl folgte prompt. Helios vernichtete Schiff und Mannschaft per Blitz; nur Odysseus kam davon. Auch das ist alles nicht unbekannt. Mit Sicherheit aber weiß man lediglich, daß von den Anfängen an auf See strikter noch als an Land zutreffend war, was angeblich Sokrates zuerst formuliert hat: „Wir leben nicht um zu essen, sondern wir essen um zu leben" – wozu mittlerweile freilich Fahrgästen in Schiffsspeisesälen einige Wenn- und Abergedanken kommen könnten. Heute stellt auch der Seemann eher höhere als geringere Anforderungen ans Essen als der Angestellte in einer Firmenkantine, und das zu Recht – er kann nicht ausweichen ins

*Ausschnitt einer Speisekarte des Norddeutschen Lloyd, wie das Wappen mit Schlüssel und Anker zeigt.*

Restaurant oder zur Bratwurstbude nebenan. Jahrhunderte hindurch hatte er jedoch Glück, wenn er nicht verhungerte oder am jämmerlichen Essen nicht tödlich erkrankte.

Als die Schiffahrt aus den Randmeeren hinaus auf den Ozean führte, wurden Essen und Trinken an Bord ein Überlebensproblem, das oftmals schwieriger als Navigationsaufgaben zu lösen war. Die ersten, die von Europa aus auf Langfahrt gingen und dabei schon Amerika erreichten, waren die Wikinger. Sie verproviantierten sich mit Roggen- und Gerstenmehl (Weizen war zu teuer), mit gesalzenem Fisch und Gemüse, das in der frischen Nordmeerluft so rasch nicht faulte. Getrunken wurde Wasser und am liebsten Milch. Auf ihren Fahrten nahmen die Wikinger vermutlich Vieh mit. Met gab es allenfalls so selten, wie heute ein braver Seemann auf einem Frachter Champagner schlürft.

Die Germanen, die auf der Bärenhaut lümmelten, das Methorn schwangen und „immer noch eins“ tranken, kommen ohnehin nur im abgestandenen Sauflied vor. Das Getränk aus gegorenem Honig von Waldbienen war meist Häuptlingen und sonst Göttern wie Odin vorbehalten. An seiner Tafel ist der Sage nach der Met nie versiehgt; und daß der Göttervater auch mit Fleisch schwelgen konnte, so viel er wollte, ist ebenfalls ein Indiz für das, was im gewöhnlichen Wikingervolk knapp und kostspielig war: Fleisch.

Wie auf den Schiffen der Antike, wurde an Bord der Wikingerschiffe nicht gekocht, und höchstwahrscheinlich wurde auch nur an Land gebacken. Das Fladenbrot, wenn nicht sofort heiß gegessen, erstarrte beim Abkühlen wie zu Stein. Der hölzerne Zusatz erhöhte das Sättigungsgefühl, und er enthielt, was man nicht wußte, aber aus Erfahrung ahnte, eben das, was der Körper besonders nötig hat: Vitamine und Mineralstoffe.

Das Wort „Vitamine“ ist erst 1912 von dem polnisch-amerikanischen Biochemiker Casimir Funk geprägt worden. Auf die Spur gekommen ist man den „Lebenswirkstoffen“ seit 1881. Der Baseler Physiologe Gustav Bunge fütterte seine Versuchsratten mit chemisch reiner Grundkost und sie starben trotzdem - oder richtig gesagt - deswegen. Eine ähnliche Entdeckung machte

▲ *Zeitgenössische Frühstückskarte von Bord des Kreuzfahrtschiffes „Regina Maris“. Der Stich zeigt Konvoi-Schiffe aus der Epoche der Hanse.*

▲ *Die Columbus-Schiffe „Nina“, „Pinta“ und – im Vordergrund – „Santa Maria“ auf dem Weg nach Amerika. Eine Menükarte der „Homeric“.*

*Ein historisches Motiv zeigt auch diese Menükarte der Home-Lines: die „San Martin", das Flaggschiff der „unbesiegbaren" spanischen Flotte (1588), verließ sich nicht allein auf den Wind. Es wurde zusätzlich gerudert.*

*Darstellungen holländischer Schiffe. Die „Eendracht" segelte 1616 gemeinsam mit der „Hoorn", geführt von Schouten und Lemaire, zur Südspitze Amerikas. So erhielt Kap Hoorn seinen Namen.*

1896 in Batavia der holländische Hygieniker Christian Eijkman: Die Beriberi, wie die Krankheit mit einem japanischen Wort heißt, bekommt, wer praktisch nur ungeschälten, entkeimten Reis als Hauptnahrung ißt. Symptome: Muskellähmungen, Herzschwäche, Wassersucht. Sterblichkeit: 50 Prozent. Der Beriberi erlagen Tausende von Seeleuten. 1909 wurde endlich die Ursache der meistgefürchteten Krankheit auf Segelschiffen, die lange unterwegs waren, genau erkannt: Skorbut entsteht aus Mangel am (später so bezeichneten) Vitamin C. Skorbut, mit welchem lateinisch klingenden Wort die Mediziner den niederländischen Ausdruck „Scheurbuik" für „rissiger wunder Mund" zur Diagnose-Vokabel verfeinerten, war bis Ende des 18. Jahrhunderts, nicht selten noch im 19. Jahrhundert, auf langen Seereisen so selbstverständlich, daß einfach von der „Schiffskrankheit" gesprochen wurde. Krankheitszeichen: Blutungen im Zahnfleisch, in Gelenken, in der Haut, mit Blauverfärbung der Unterschenkel, und in Muskulatur, Magen und Darm, Ausfallen der Zähne und Verfall des Körpers, der abwehrschwach schweren Infekten ausgesetzt ist. An Skorbut starben mehr Seeleute als bei Schiffsuntergängen, bei Unfällen, Überfällen und in sämtlichen Seeschlachten und -gefechten.

Auf den Bildern von Karavellen des Kolumbus und der Ostindienfahrer, die auf Schiffsspeisekarten an die großen Zeiten der Entdeckungen oder des allerersten, besonders von den Holländern betriebenen nahezu regelmäßigen Überseeverkehrs erinnern, sieht alles flaggenbunt, abenteuerfroh, erfolgsgewiß aus. Die Wirklichkeit läßt sich in Chroniken schon aus dem Faktum ersehen, daß die Schiffe bei Antritt der Reise mit weit mehr Leuten bemannt waren als benötigt wurden - einfach deshalb, weil es Gewißheit war: Viele Menschen sterben, zuviele womöglich, daß Schiff und Ladung nach Hause kommen könnten. Umso mehr Proviant mußte mitgenommen werden, zumal wenn die Fahrt ins Unentdeckte führte.

*Für die Seefahrer war die Zitrone mit ihrem hohen Vitamin C-Gehalt fast so wichtig wie die Erfindung des Kompasses, denn endlich ließ sich Skorbut bekämpfen.*

Auf den Karavellen waren die ranghöchsten Unteroffiziere, der Oberbootsmann und der Proviantmeister. Einen Koch allerdings hatte Kolumbus nicht angeheuert. Der Proviantmeister hatte die Vorsorge für Essen, Wasser, Wein und Feuerholz - auch für Lampen und Sanduhren, und darüber zu wachen, daß abends das Feuer im Herd gelöscht war. Große Verantwortung hatte auch der Küfer, verantwortlich für Verschluß, Anzapfen und Instandhaltung aller Fässer. Gekocht wurde über einer eisernen, mit Sand gefüllten Kiste auf der Back, der sichersten Stelle vorn auf Deck. Falls Funken sprühten, wehten sie dort im achterlichen Wind außenbords. Feste, gemauerte Herde erhielten Schiffe erst Ende des 17. Jahrhunderts. Wer auf den Karavellen der Entdecker und Eroberer gekocht hat, ist nicht überliefert - vielleicht die Schiffsjungen, für Offiziere deren Bedienstete. Solange die Reise glücklich verlief, und wenn sie nicht zu lange dauerte, war das Essen auf gut ausgerüsteten Schiffen, wie der kenntnisreiche englische Historiker J.H. Parry geurteilt hat, „wahrscheinlich nicht schlechter als das der Handwerker und Bauern in den Wintermonaten an Land". Die damals übliche Verpflegung bestand aus eingesalzenem Rind- und Schweinefleisch, gesalzenen Fischen und Schiffszwieback, dazu Käse, Zwiebeln, Knoblauch, getrockneten Erbsen und Bohnen. Getrocknetes Obst wurde nur Offizieren serviert. Bei Flaute wurde geangelt. Zur Produktion von Schiffszwieback ließ in Lissabon Portugals König gleich neben dem Palast eine Manufaktur errichten. An Bord wurde Brot in der Asche der Kochkiste gebacken. Um Würmer und Ratten abzuhalten, war das Mehl in Fässern mitgeführt und stark gesalzen. Salz war und blieb das unverzichtbare Konservierungsmittel. Fortschreitende Entdeckungen und Kenntnisse ermöglichten bald, die Vorräte in überseeischen Ländern aufzufüllen, etwa in Westindien mit Maniok. Aus Maniokmehl backte man harte, aber monatelang haltbare Laibe.

Vorsorge, Vorräte und Vorsicht konnten das Risiko einer Reise natürlich nur halbwegs mindern. Ein Sturm, der 12 Tage tobte, den Großmast knickte und die Aufbauten auf dem Heck zertrümmerte, fegte „fast alle Lebensmittel über Bord“, hat Antonio Pigafetta, der Chronist der ersten Weltumseglung, von einer Unglücksfahrt erzählt: „Ein wenig Reis, ein wenig Wasser war dem halben Hundert Seeleuten auf der 'Trinidad' verblieben.“ Nach sechs Wochen, als das Schiff eine unbwohnte Insel erreichte, lebten noch 27; und wie in mancher ähnlichen Geschichte fehlt nicht der Hinweis, daß ein Schiffsjunge ein Stück Fleisch aus dem Bein eines Toten geschnitten habe und ertappt worden sei, wie er es „gierig verschlingen“ wollte. Ein bißchen merkwürdig an solchen Horrorberichten ist allerdings, wie oft die Wahnsinnstat just den Jüngsten an Bord zugeschoben wurde. Die „Trinidad“ ging verloren. Mit fünf Schiffen, 237 Mann und Vorräten für zwei Jahre war Magellan, Fernao de Magalhaes, wie er mit portugiesischem Geburtsnamen hieß, als Generalkapitän im Dienst der Spanier im August 1519 zur kühn geplanten Weltumseglung aufgebrochen. 1521 wurde er auf den Philippinen im Streit mit Eingeborenen getötet. Nur ein Schiff, die „Victoria“, und ganze 18 Mann kehrten im September 1522 heim. „Ewigen Ruhmes würdiger als die Argonauten“ bewunderte sie ein klassisch gebildeter Mann im tiefsten europäischen Binnenland, der Salzburger Erzbischof Maximilianus Transsilvanus. Auf den Fahrten zu Ländern, wo Gold und Silber lockten und zu den Molukken und anderen Inseln, wo Gewürze wuchsen, die noch mehr Gewinn als das Edelmetall versprachen, nahmen die spanischen und portugiesischen Seeleute alle Gefahren als unausweichliches Berufsrisiko hin. Engländer dachten darüber anders. Damit seine Mannschaft vom Skorbut möglichst verschont bleibe, segelte als erster John Hawkins mit kleinerer, besser zu verpflegender Mannschaft. Der Günstling der Königin Elisabeth war Kaufmann, Händler mit schwarzen Sklaven und Kaperer. Er versuchte, den Spaniern in Westindien Konkurrenz zu machen. In den Geschichten von Essen und Trinken auf See ragt er heraus, weil er Unmengen von Orangen auf seinem Schiff mitnahm. Wirksame Mittel gegen Skorbut fand man noch nicht. Zitronensaft sollte erst 200 Jahre später die schicksalhaft ertragene Krankheit besiegen; sie war nicht die einzige, die auf See drohte.

*Rumfaß, Rumflasche, Rumbecher, Rumlöffel und natürlich Rum. Das alkoholische Getränk, aus karibischem Zuckerrohr gebrannt, galt an Bord vornehmlich als Medizin.*

In den Epochen, die als Spätrenaissance und Barock rubriziert sind, bot die Schiffahrt ein Bild, das immer anspruchsvoller wurde. Ein Beispiel dafür zeigt die Illustration auf den Umschlagseiten einer Speisekarte des französischen Schnelldampfers „Normandie“ mit einem königsblau-goldenen Linienschiff. In jene Blütezeit, die mit den Entdeckungen begonnen hatte, sollte man nur mit zugehaltener Nase hineinblicken. In den gedeckten Schiffen konnte es entsetzlich stinken. Die einzigen sanitären Einrichtungen waren über die Reling gehängte Kübel. Schmutz und Abfälle wurden hinab in den Schiffsrumpf gespült und dort vom Sandballast aufgesogen.

In dieser Zeit begann der Transport von Passagieren über den Ozean. Anfangs waren die Gäste an Bord meist hochgestellte Personen, die in den neuen überseeischen Gebieten Beamtenstellen einnahmen. Die Würdenträger hatten zum Kochen ihre Diener. Selbst kochen, so schlecht das ging, mußten noch bis zum 19. Jahrhundert viele Familien der Armen auf den Auswandererschiffen.

*Die Speisekarte des berühmten französischen Schnelldampfers „Normandie" präsentiert den Stolz der Franzosen auf ihre Marinegeschichte. Sie zeigt das Vor- und Achterschiff des Linienschiffes „Soleil Royal". Mit seinen 104 Kanonen war es um 1690 das stärkste Kriegsschiff der …*

s/s NORMANDIE

LE "SOLEIL ROYAL"

Vaisseau de premier rang, construit en 1690. Il était armé de 104 pièces de canon. Il prit part à la bataille de la Hogue sous le commandement de Tourville.

*(D'après une aquarelle. - Bibliothèque Nationale)*

# MENU

*... Grande Nation und ein Trumpf gegen den mächtigen Gegner Großbritannien. Als zeitweiliger Kommandant hat die „Soleil Royal" der französische Seeheld Kapitän Tourville geführt. Tourville wurde später zum Admiral und Befehlshaber der Flotte unter dem Lilienbanner befördert.*

# Die Piraten

**Sie haben nicht nur geplündert und gemordet, sondern auch für manchen Fortschritt in den Ernährungsgewohnheiten an Bord gesorgt. Ohne Seeräuber kein Kakao und vermutlich auch kein Rumgenuß.**

In der barocken Epoche, in der Schiffbau und Schiffahrt aufblühten, hatten auch jene Spezies von Seefahrern ihre Blütezeit, die mittlerweile bewundert sind, damals aber mehr als die Pest gefürchtet wurden: die Piraten, die Flibustiers und die piratischen Kaperer, von denen mancher in seinem Land als ehrenwerter Mann galt. Henry Morgan, der eine ganze Flotte unterhielt und unter anderem 1671 Panama brandschatzte und Millionenbeute machte, wurde in England zum Sir erhoben und zum Gouveneur von Jamaika ernannt. So reich er wurde: sein Lieblingsessen soll englischer Stockfisch geblieben sein.

Den letzten großen piratischen Raubzug unternahm 1686 der Sieur de Grammont mit 20 Schiffen und 1100 Mann an der Küste der mexikanischen Halbinsel Yukatan, wo er die Stadt Campeche ausplünderte. Grammont galt als Seeräuber „mit Stil". Zum Gelage waren auch Gäste eingeladen. Was für welche, ist unbekannt; nur darüber herrscht Einstimmigkeit in den Berichten: sie waren schließlich betrunkener als die Piraten. Vielleicht lag auch „Betrunkenes Schwein" auf den mit geplünderten Tüchern und Geschirr gedeckten Tischen: Schweinefleisch, gehackt, scharf gewürzt und mit Pulque übergossen. Auch Labskaus mag den Piraten geschmeckt haben; ihre Erfindung war er nicht. Labskaus, ein Resteessen, gab es schon auf den Hanse-Koggen.

Die Heimat der Piraten war die Karibik. Ihre Eßgewohnheiten paßten sich teils von Indios überlieferten, teils von Kreolen kreierten Gerichten an. Von der Karibik her kam das indianische Getränk an Bord, das von Seeleuten bis in die heutige Kaffeezeit gern genossen wurde: Kakao; und in der Karibik hat das Getränk, das man seit Piratenzeiten mit der Seefahrt in Verbindung bringt wie kein anderes, seine Quelle: der aus Zuckerrohr gebrannte Rum.

Mit „rumbillion", eine Bezeichnung, die keiner mehr kennt, seit die Engländer sie zu „rum" verkürzten, erhielt der Seemann deshalb ein wohltuendes Getränk, weil damit ein speiübles Problem gemildert wurde. In den Fässern an Bord faulte das Wasser; vermischt mit Rum aber war es schluckbar. In der englischen Marine wurde bald täglich eine Rumration ausgeschenkt.

Auf die Idee, Rum mit heißem Zuckerwasser zu strecken, kam der englische Admiral Vernon. Er trug Uniformröcke aus Groggram, einem Kamelhaarstoff, und war darum als „Old Grog" bekannt, welcher Name prompt auf das von ihm kreierte Getränk übertragen wurde. Der Rum, nebenbei bemerkt, muß dem Wasser zuletzt zugegeben werden; sonst verfliegt sein Aroma.

Den Erfahrungen von Piraten wiederum ist zu verdanken, daß die Schiffsfässer auch mit einem Nahrungsmittel gefüllt wurden, das endlich Skorbut verhinderte: Sauerkraut. Seine Anti-Skorbut-Wirkung hatten zuerst Piraten erkannt, die sich, weil die Kaperei in der Karibik zu riskant wurde, monatelang auf den Ozeanen, meist dem Indischen, herumtrieben. Der erste friedliche Seefahrer, der die Erfahrung der „long distance"-Piraten nutzte und untrüglich beweisen konnte, daß Sauerkraut ein Überlebensmittel ist, war James Cook. 20.000 Pfund nahm er auf seinen Expeditionen mit. Auf der dritten wurde er 1779 auf Hawaii von Eingeborenen erschlagen. An Skorbut verloren seine Schiffe nicht einen einzigen Mann. Auch in der Kombüse brach eine neue Epoche der Seefahrt an.

# Labskaus

Seit dem frühen Mittelalter war Labskaus für viele Jahrhunderte „das" Seemannsessen schlechthin. Man witzelt über Labskaus, der Matrose fände in diesem Essen all das wieder, „was er im letzten Jahr verloren hat", und da Labskaus ein typisches „Mantsch"-Gericht ist, ließen sich in der Tat nicht nur Reste jeglicher Art verwerten, ggf. konnte man ihn sogar mit Kleie oder Sägemehl strecken.

Über Labskaus allein ließe sich ein ganzes Buch schreiben, hier also nur vier der vielen Variationen:

## Labskaus mittelalterlich

400 g gepökelte Rinderbrust,
1000 g Zwieback (zerstampft),
4 Zwiebeln (grob gehackt),
4 Knoblauchzehen (grob gehackt),
6 Heringsfilets (gewässert, kleingeschnitten),
3 Salzgurken (grob gehackt),
250 g eingelegte rote Bete (grob gehackt),
3 EL Fett,
Pfeffer.

Fleisch mit Zwiebeln in Wasser gar kochen, fein hacken. Zwieback mit Pökelbrühe zu einem dicken Brei anrühren. Fett in einem Topf zerlaufen lassen, sämtliche Zutaten zugeben und unter ständigem Rühren erhitzen, bei Bedarf etwas mit Brühe auflockern, mit Pfeffer abschmecken.

## Muschel-Labskaus

Wie die oberen Rezepte zubereiten, jedoch anstelle des Pökelfleisches und der Heringsfilets 600 bis 700 g gekochtes, aus den Schalen gelöstes Miesmuschelfleisch, salzen nach Bedarf.

## Labskaus neuzeitlich

400 g gepökelte Rinderbrust,
Lorbeerblatt,
4 Zwiebeln (grob gehackt),
1000 g Kartoffeln,
3 Heringsfilets (kleingeschnitten),
2 Salzgurken (grob gehackt),
150 g eingelegte rote Bete (grob gehackt),
3 EL Fett,
Pfeffer,
4 Salzgurken (in Scheiben geschnitten),
150 g eingelegte rote Bete (in Scheiben),
4 Rollmöpse,
4 Spiegeleier.

Fleisch mit Zwiebeln und Lorbeerblatt gar kochen, durch den Fleischwolf drehen. Kartoffeln ohne Salz kochen, abgießen zu einem Brei stampfen. Fett in einem Topf zerlaufen lassen, Fleisch, Kartoffelbrei, kleingeschnittene Heringsfilets, Salzgurken und rote Bete zugeben und unter ständigem Rühren erhitzen, bei Bedarf mit Pökelbrühe auflockern, pfeffern, anrichten und mit geschnittenen Salzgurken, rote Bete-Scheiben, Rollmöpsen und Spiegeleiern garnieren.
Diese Variante kam im 18. Jahrhundert auf, als sich die Kartoffel allgemein durchgesetzt hatte.

## Fisch-Labskaus

Wie die oberen Rezepte zubereiten, jedoch anstelle des Pökelfleisches und der Heringsfilets 600 bis 700 g gekochter, kleingezupfter Fisch; in diesem Fall auch mit Salz abschmecken. Anstelle des frischen Fisches wurde auch Stockfisch verwendet.

*Labskaus gilt als das Seefahrer-Gericht schlechthin. Der Eintopf aus Pökelfleisch und gestampften Kartoffeln ist eigentlich ein Resteessen, ein allgemein gültiges Rezept gibt es jedenfalls nicht. Dieses stammt aus dem „Piraten Kochbuch".*

H.M.S. VICTORY - 1805
Fagship of Admiral Nelson

HOME LINES

# Kombüse & Kanonen

**Die britische Marine setzte Maßstäbe. Ihre Schiffe rangen nicht nur feindliche Flotten nieder, sondern auch den Feind an Bord: Mit Sauerkraut und Limonen wurde die letzte Schlacht gegen den Skorbut geschlagen.**

James Cook und Horatio Nelson, zwei Namen stehen für alle in der Epoche, in der England zur See- und Weltmacht aufstieg, weil es die tüchtigste, an Wissen und Können von keiner anderen erreichte Marine hatte. Die Navy setzte neue Maßstäbe für die Seefahrt überhaupt und wurde in Sitten und Gebräuchen zum Vorbild sämtlicher Marinen. Über Horatio Nelson, der 1805 in der Seeschlacht bei Kap Trafalgar im Augenblick seines höchsten Triumphes fiel, ist eine ganze Bibliothek vollgeschrieben worden. Der unpathetische Superlativ genügt: Nelson ist der größte Seeheld. Was Essen und Trinken auf See anbelangt, sei erwähnt, daß er mit seinen Schiffen mehrere Monate lang auf See bleiben konnte, auch deshalb, weil es gegen Skorbut nicht nur Sauerkraut, sondern ein noch probateres Mittel gab: Zitronen und Limonen; sie verhindern Skorbut nicht nur, sie heilen ihn. Die segensreiche Wirkung der Zitrusfrucht hatte zuerst Captain Cook erfahren. James Cook, Offizier der Navy, ist aus drei Gründen eine herausragende Gestalt der Seefahrtsgeschichte. Mit seiner Entdeckung der vordem völlig unbekannten Ostküste Australiens, womit Gewißheit über die geographische Lage des fünften Erdteils geschaffen war, und einer Unzahl anderer Ersterkundungen, wobei auch die Inselzweiteilung Neuseelands erkannt wurde, erhielt durch Cook die Weltkarte ihr gültiges Gesicht. Zweitens: Mit dem gerade erst erfundenen Chronometer bewältigte er als erster das Hauptproblem der Navigation, die exakte Bestimmung der geographischen Länge, wofür die genaue Zeit bei der Gestirnwinkelmessung unerläßlich ist. Der Chronometer gehörte fortan zur Standardausrüstung eines jeden Schiffes auf großer Fahrt. Und drittens: Cook hat vorgemacht, wie die Seefahrt infolge richtiger Proviantierung, was im Wortsinn Vorsorge bedeutet, ihrem Langzeit-Schrecken entgehen konnte. Die sonst knauserige Admiralität, für die Verluste von Steuergeldern nahezu einer verlorenen Schlacht gleichkamen, stattete Cook großzügig aus. Er hatte einflußreiche Wissenschaftler Englands hinter sich. Nur den Koch, der ihm zugeteilt wurde, lehnte Cook ab. Der hatte nur eine Hand und erweckte zudem den Eindruck eines „lahmen und gebrechlichen Pferdefleischkochers". Man schickte Cook einen neuen. Der hatte nur ein Bein. Diesmal blieb Widerspruch vergeblich; die Admiralität hatte keinen zur Verfügung, woraus man ersehen mag, wie knapp Schiffsköche waren.

Auf den Linienschiffen in der Nelsonzeit, den in Kiellinie laufenden Schlachtschiffen, rund 800 Mann Besatzung, waren dann einbeinige Köche geradezu eine Regel. Kombüsendienst war eben auch

▲ *Zinnkrug vom dänischen Linienschiff „Christian VIII". Andenken an die Schlacht von Eckernförde am 5. April 1849, in der das dänische Schiff versenkt wurde.*

◀ *Das englische Linienschiff „Victory", Flaggschiff von Admiral Horatio Nelson in der Schlacht von Trafalgar am 21. Oktober 1849. England siegte, Nelson fiel.*

*„Matrosen am Tisch“ heißt das Gemälde des englischen Marinemalers M. Brown (19. Jahrhundert). Das Bild zeigt englische Seeleute in einer Seemannskneipe am Hafen. Ein Matrose berichtet seinen Kameraden von seinen Erlebnissen auf See. Typisch für die Zeit sind die langen Tonpfeifen, mit denen der Knaster gequalmt wurde.*

*„Royal Toast“. Der 1881 geborene Fortunio Matania charakterisiert in britisch-humorvoller Übertreibung die Offiziere in der Offiziersmesse auf einem Linienschiff zu Anfang des 19. Jahrhunderts. Der Admiral, mit dem Rücken zum Betrachter, und seine Offiziere haben die mit Rotwein gefüllten Gläser erhoben, um den traditionellen Toast auf den König (Georg III.) auszubringen. Dessen Bildnis hängt über dem Model an der Wand. Die Offiziere reagieren – eher rollengemäß als typenentsprechend – blasiert oder freundlich.*

mit Holzbein zu verrichten. Wie der Schiffsgeistliche, die drei Arztgehilfen, der Waffenmeister, der Schiffsprofos, der als Bordpolizist zugleich die Mannschaft im Handwaffengebrauch unterwies, und ein Schullehrer, der sich mit einer Menge Analphabeten abplagen mußte, stand der Koch im untersten Offiziersrang, unter den Leutnants. Die Kombüse mit einem gewaltigen eisernen Herd befand sich auf dem zweiten Kanonendeck und hatte ein eisernes Abzugsrohr zum Oberdeck. Zum Entwässern des Salzfleisches waren Spülbecken eingebaut. Bei stürmischem Wetter war die Küche der Feuersgefahr wegen kalt. Die Mannschaft aß in Gruppen von acht bis zwölf Mann zwischen zwei Kanonen. Abwechselnd ein oder zwei Mann holten das Essen aus der Kombüse. Bevor es verteilt wurde, wandte einer der Eßplatte den Rücken zu und entschied, ohne hinsehen zu können, wem jeweils der gefüllte Teller zu reichen sei. So sollte Bevorzugung vermieden werden.

Das Essen an Bord war nicht üppig, aber damals war Hunger an Land gang und gäbe, und auf See lebte man in dieser Hinsicht meist besser. Das Frühstück bestand gewöhnlich aus Haferbrei, der aus grobem Hafermehl und Wasser angerührt wurde. Andere nahmen Schottischen Kaffee zu sich. Das ist Röstbrot in etwas Wasser gekocht und mit Zucker gesüßt. Mittags gab es eine Gil (0,14 Liter) Rum mit Wasser, dazu Zitronensäure, gesüßt mit Zucker und als Hauptgericht gepökeltes Rindfleisch mit Erbsbrei. Abends folgte ein halber Pint Wein oder Grog, dazu Schiffszwieback mit Käse oder Butter.

Der Schiffszwieback wimmelte nicht selten von Rüsselkäfern und Maden, von den Sailors, den Matrosen, „Bootsmänner“ genannt. Die fetten schwarzköpfigen Maden schmeckten nicht so bitter wie die Käfer, die sich zum Teil herausklopfen ließen, wenn mit dem Zwieback auf die Back, den Tisch gehämmert wurde. Das gelbliche Fett, das beim Kochen des Salzfleisches anfiel, verkaufte der Koch an Matrosen, die damit ihren Zwieback bestrichen. Fast immer war die Butter so ranzig, wie das Stück Käse schimmelig war. Leidlich gut schmeckte der Mannschaft nur Erbsensuppe.

*Zwei aquarellierte Federzeichnungen von Charles E. Turner mit Szenen aus dem Bordleben auf Lord Nelsons Flaggschiff H.M.S. „Victory“. Der Ward Room ist die Messe für Offiziere vom Leutnantsrang aufwärts, aber unterhalb des Kommandanten und der Admiralsränge. Die Messe liegt im Achterschiff, wie sich an den Fenstern der Heckgalerie erkennen läßt.*

Heute liest sich das alles horribel. Der Zahlmeister, selbst kümmerlich bezahlt, verantwortlich für Sold, Kleidung, Hängematten-Schlafzeug und den Einkauf des Essens, versuchte nicht selten, zusätzliche Verpflegung für die Mannschaft gegen Profit loszuschlagen, und war oft der bestgehaßte Mann. Doch auch abgesehen davon, daß der Speiseplan in den Häfen vom Zahlmeister mit Kohl, Karotten und anderem Frischgemüse ergänzt werden mußte und bei jeder Gelegenheit von den findigen Sailors selbst aufgebessert wurde, war das Essen an Qualität nicht schlechter als für die armen Leute an Land und an Quantität genug, Gesundheit und Kraft für den Seesieg aufrechtzuerhalten.

Und in der ruppigen Art, die damals üblich war, mag angemerkt sein: Wem nach dem Gefecht ein Arm oder Bein amputiert werden mußte, hatte den Minimaltrost, daß ihm dabei eine gehörige Portion Rum eingeflößt wurde. Rum war das einzige Betäubungsmittel. In einem Rumfaß übrigens wurde Nelsons Leichnam zur Beisetzung in London überführt.

Wie zäh die Männer der Royal Navy sein konnten, zeigt sich am Beispiel der „Bounty". Das kleine Kriegsschiff war am 23. Dezember 1787 unter Leutnant William Bligh aufgebrochen, um von den Gesellschaftsinseln der Südsee Brotfruchtbäume zu holen, mit denen man die Negersklaven der Karibik glaubte billiger ernähren zu können. Am 18. April 1788 meuterte die Besatzung unter dem Offizier Fletcher Christian, nachdem der cholerische Bligh ihn beschuldigt hatte, eine Kokosnuß gestohlen zu haben. Bligh und 18 seiner Männer wurden auf der nur sieben Meter langen Schaluppe ausgesetzt. Als Proviant erhielten sie 28 Gallonen Wasser, 150 Pfund Brot, 20 Pfund Schweinefleisch, fünf Flaschen Weißwein und etwas Rum. Bligh gelang es in einer seemännischen und menschlichen Meisterleistung nach 41 Tagen und 3.618 Seemeilen bei schlechtestem Wetter Timor in Holländisch Ostindien anzulaufen. Bis auf einen ihrer Kameraden, der unterwegs von Eingeborenen erschlagen wurde, erreichten alle 17 Mann, sehr geschwächt aber wohlbehalten, den rettenden Hafen.

*Das Bild von der Mannschaftsmesse zeigt auf eindrucksvolle Weise das Leben auf einem Großkampfschiff um das Jahr 1800, zumal die Enge, in der die einfachen Seeleute lebten. Licht fiel hauptsächlich durch die Pforten der Geschütze herein, sofern die Wetterbedingungen das Öffnen der Pforten zuließen. Der Tisch wurde provisorisch unter den Decksbalken aufgehängt.*

Im Hafen ·

# SEEROMANTIK

# Rund Kap Hoorn

**Das Leben an Bord der Windjammer war hart – so hart wie Salzfleisch und Zwieback, das tägliche Brot der Matrosen. Doch erfolgreiche Reeder erkannten bald: Wer an Bord gut ißt, der arbeitet auch besser.**

Wer einmal einem großen Segelschiff „unter Vollzeug", alle Segel gesetzt, begegnet und kein Banause ist, kann das nicht vergessen. „Es rauscht wie Freiheit", hat Joachim Ringelnatz, der als junger Mann vor dem Ersten Weltkrieg auf einem Rahschiff gefahren war, in einem Gedicht geschrieben: „Natur gewordene Planken sind Segelschiffe…"; sie sind heute ein Inbegriff von romantischer Seefahrt.

Doch die Gedanken lenkt man angesichts der zahlreichen Segelschiffsmotive auf Speisekarten, in denen „Gebratener Bresse-Kapaun", „Birne Ritz" und ähnliches offeriert wird, in vergangene Wirklichkeit zurück. Nüchternheit mischt sich in die Nostalgie. An den Grundbedingungen für den Seemann hat sich nichts geändert. Die Dauer einer Reise war nur vage abschätzbar. Ob man unversehrt oder auch gar nicht zurückkehren würde, war eine offene Frage. Die Schiffahrt war gefährlich wie eh und je und „unbequem", wie man trotzig untertreibend in einem Shanty gesungen hat. Im Focksel, dem Logis der Mannschaft vorn im Schiff, war es eng, finster, in tropischen Breiten brütend heiß, in subarktischen eisig kalt und feucht. Gearbeitet wurde nur mit Muskelkraft. Am Salzfleisch-, Hartbrot-, Trockenerebsenessen hatte sich nichts geändert, außer daß mit der Zeit eine Plörre von Ersatzkaffee hinzukam. Das Wort „Smutje" für den Koch entsprach meist zutreffend der direkt von „Schmutz" hergeleiteten Bedeutung. War er ein Mann von Berufsehre, schlug er bei solchem Schimpf mit der Kelle zu. Wie rauh und ruppig es herging, ist in Hunderten von Geschichten erzählt worden – aber es herrschte trotzdem Kameradschaft.

Segelschiffe wurden noch gebaut, als auf den Hauptrouten des Seeverkehrs die Konkurrenz durch die Dampfer schon übermächtig war. Übrigens: der Begriff „Windjammer" für diese Schiffe ist ein hintersinniges Wort. Seine etymologische Wurzel ist wahrscheinlich das englische „to jam", hineinpressen, hineinzwängen. Eine andere Erklärung ist, daß man auf ihnen einfach jammervoll gelebt habe. Eine eher romantische Erläuterung ist, man habe, wenn man nachts in der Koje lag, in einer Stille ohne Maschinenlärm, das Schiff selbst wortwörtlich „jammern" hören, in hohen gequälten Tönen, erzeugt vom Wind, der durch die Stahldrähte in der Takelage strich. Kapitäne wie Robert Hilgendorf, von den Seeleuten als „de Düwel vun Hamborg" gerühmt (sein Name steht heute auf einem Straßenschild in Ham-

◀ *Das Titelbild der Menukarte zeigt eine Viermastbark, die von einem Dampfschlepper bugsiert wird – aus einer Serie von Bildern des Norddeutschen Lloyd unter dem Titel „Seeromantik"*

▶ *Sternennacht im Südatlantik: Einsam zieht eine Bark durch die Weite der See. Nur das weiße Licht der Hecklaterne und das rote Positionslicht an Backbord schimmern auf dem Wasser.*

burg-Blankenese), „knüppelten“ ihre robusten Schiffe durch das dickste Wetter. Reeder wie Carl Laeisz achteten peinlich genau auf den Zustand von Schiff und Besatzung und verlangten „schnelle Reisen“. Die Laeiszschen Flying-P-Liner waren im Durchschnitt 80 bis 100 Tage unterwegs.

Die Erfolge der Laeiszschen Schiffe lagen nicht nur in der überlegenen Technik der speziell für die Kap Hoorn-Fahrt konstruierten Viermastbarken, sondern auch in der vergleichsweise humanen Behandlung und guter Verpflegung. Alain Villiers, Schriftsteller an Bord der „Parma“, erinnert sich: „Unser Heuerkonto erreichte monatlich etwa 100 Pfund für die ganze Besatzung, und die Verpflegung kostete zwischen 1,1 und 1,3 Shilling pro Mann und Tag. Vor 1910 betrugen diese Kosten auf den Laeisz-Seglern 10 Pence (ca. 80 Pfennig) pro Mann und Tag, und die Leute waren gut ernährt.“ Wenn ein Kapitän mit der Verpflegung knauserte, schlug der Deutsche Transportarbeiter-Verband Lärm. Schließlich wurde die „Speiserolle“, der Mindesverpflegungsplan, „auf allerhöchste Kabinettsorder“ von Kaiser Wilhelm II. festgelegt. Auf britischen Schiffen von mehr als 80 Tonnen mußte laut dem Merchant Shipping Act für jeden Mann pro Woche folgender Proviant verabreicht werden: 3 lb (engl. Pfund, je 454 Gramm) weiches Brot und 4lb Hartbrot, 3lb gesalzenes Rindfleisch, 2lb gesalzenes Schweinefleisch, $2^1/_4$ lb konserviertes Fleisch, $^3/_4$ lb Fisch, 6lb Kartoffeln, $^1/_2$ lb getrocknetes oder gepreßtes Gemüse, 2lb Mehl, 8oz (Ounces, Unzen zu je 28 Gramm) Hafermehl, $1^3/_4$ oz Tee, 4oz Kaffee, $1^1/_2$lb Zucker, $1^1/_4$lb Zucker, $^1/_3$ lb kondensierte Milch, $^1/_2$lb Butter, 1lb Marmelade oder Jam, $^1/_2$lb Sirup oder Melasse, 4oz Talg. Auch Zwiebeln und Gewürze sind darin erwähnt, Frischfleisch und frisches Gemüse müssen im Hafen ausgegeben werden, „wenn zu vernünftigen Preisen zu haben“. Unter gewissen Umständen sind Ersatzstoffe erlaubt, doch war es grundsätzlich ungesetzlich, anstatt Butter Margarine zu geben. Das beste Essen nützte jedoch nichts, wenn der Koch schlecht war. Auf britsichen Schiffen war es im allgemeinen mit dem Kochen traurig bestellt. Auf Skandinaviern war es gut, auch auf Amerikanern. Die vorbildliche Laeisz-Reederei arbeitete übrigens so effektiv, daß sie mit Profit noch bis in die dreißiger Jahre hinein die Kap Hoorn-Fahrt betrieb und so zur letzten deutschen Segelschiffsreederei wurde. Eine der letzten Segelreisen machte 1930 an Bord der „Pamir“ der Schriftsteller Heinrich Hauser mit. Er berichtete, daß, wie auf Seglern üblich, der Speiseplan mit gefangenem Meeresgetier ergänzt wurde. Beliebt vor allem waren Schweinsfische. Hauser schreibt: „Das Fleisch ist schwarz, schmeckt aber wie ganz mürbes, beinah überzartes Kalbsfleisch. Keine Spur von Fischgeschmack oder Trangeruch. Abends gab es Schweinsfischleber. Ich habe nie so etwas gutes an Fleisch gekostet. Noch am Morgen bekamen wir riesige Schweinsfischfrikadellen. Es ist ganz unglaublich, wieviel in so einem Tier steckt.“ Als lebenden Proviant nahm man auf Windjammern Schweine mit. Sie wurden mit Küchenabfällen fettgemästet. Wie geschätzt sie waren, läßt sich aus einer Kap Hoorn-Geschichte entnehmen: Schreckensschrei: „Kapteen, der Junge ist über Bord!“ Ihn zu retten, das Schiff in der stürmischen See zu wenden, ist unmöglich. Der Alte lüftet die Mütze und will dem Jungen ein stummes Gebet hinterherschicken. Da wird der Schrecken korrigiert: „Nee, nicht der Moses, dat Swien, dat Swien!“ Und jetzt erscheint nichts mehr unmöglich: „Alle Mann an die Brassen!“ Das Schiff wird gewendet, das Schwein geborgen. Zynisch ist die Geschichte nicht gemeint. Sie illustriert nur die Seefahrt in einer Zeit, von der bis heute nur die Romantik geblieben ist.

*Reservisten-Flasche der Kaiserlichen Marine. Solche Gefäße erhielten Matrosen, die aus dem aktiven Marinedienst ausschieden.*

S. S. „FRANKFURT", den 7. Februar 1905.

Speise-Karte.

Hühnersuppe auf Königin Art Kraftbrühe

Gebratener Aal Sardellen in Buttersauce

Rindsrückenstück Champignon Sauce
Perlbohnen Danziger Kartoffeln

Artischocken Holländische Sauce,

Gebratene junge Gäns

Reineclauden Römischer Salat

Aprikosen Rahmeis Wiener Röllchen

Obst Nachtisch

Kaffee

*Viele Reedereien beauftragten berühmte Marinemaler mit der Gestaltung der Speisekarten. Ein Bild aus einer Serie von Themistocles von Eckenbrecher (1842 bis 1921). Es zeigt englische Fischerboote vor Landsend.*

# Vom Segel zum Dampf: Der Übergang

**Die technische Revolution machte die Schiffe unabhängig von der Windkraft. Doch der Fortschritt zum modernen Komfort war mühsam.**

Die Rauchwolke ließ eigentlich keinen Zweifel. „Brennendes Schiff", meldeten am 17. Juni 1819 die Beobachter auf Kap Clear an der irischen Südküste. Irrtum – zum allerersten Mal kam ein Dampfschiff von See: die „Savannah". Der 30 m lange Raddampfer überquerte den Atlantik in 21 Tagen, wobei er allerdings nur vier Stunden mit Maschinenkraft fuhr. Aber die technische Revolution der Schiffahrt war nicht mehr aufzuhalten.

Im wachsenden Passagierverkehr zwischen Europa und den Vereinigten Staaten von Amerika blieben die Reedereien zunächst weiterhin auf Segelschiffe angewiesen. Die Windjammer konnten in der beginnenden „Völkerwanderung" den riesigen Ansturm nach Amerika kaum bewältigen. Die Ärmsten der Armen des alten Kontinents – die meisten von ihnen hatten noch nie das Meer gesehen, geschweige denn ein Schiff – packten ihre Habseligkeiten zusammen und schifften sich ein, voller Hoffnung auf ein vermeintlich besseres Leben in der Neuen Welt. In den Zwischendecks der Auswandererschiffe, oft nicht einmal mannshoch, vollgestopft mit Männern, Frauen, Kindern, reiste der Tod mit. Erschöpfung, vornehmlich jedoch Krankheiten, aus allen Teilen Europas zusammengetragen, forderten ihren Tribut. 1852 notierte der „Seejunker" Dietrich Groß aus Brake in seinem Tagebuch, daß der Quarantäne-Arzt in New York das aus Deutschland gekommene Schiff „in nur fünf Minuten abgefertigt" habe. Daraus sprach offenbar Vertrauen, denn die Auswandererunterkünfte und Sammellager in den deutschen Seehäfen waren vorbildliche Einrichtungen und die Unterbringung auf den deutschen Schiffen ebenso. Aber: „Mit den englischen und amerikanischen Passagierschiffen", so schreibt Dietrich Groß, „sollen sie nicht so flüchtig umgehen, da auf diesen großen Fahrzeugen, auf denen 800 bis 900 Passagiere ihren Proviant selbst zubereiten und sich selbst anschaffen müssen, oft bösartige Krankheiten ausbrechen, die auf einer Reise von Liverpool nach New York oft 40 bis 80 dahinraffen, während auf den Bremer Schiffen selten nur ein Kind stirbt." Die Hapag, 1847 in Hamburg gegründet, hatte ihren Passagier- und Frachtdienst über den

*Ein typisches Beispiel für den Übergang vom Segel- zum Dampfschiff ist die französische Fregatte „Audacieuse".*

*Dieses Motiv auf der Menükarte der Hapag stammt aus einer Bildserie „Berühmte Dampfschiffe 1807 bis 1911 unter besonderer Berücksichtigung der Hapag-Flotte", vom Marinemaler Hans Bohrdt. Darauf ist der erste Hamburger Überseedampfer zu sehen, die „Helene Sloman", und zwar bei der Ausreise nach New York im Jahre 1850. Die „Helene Sloman" war der erste Passagierdampfer unter deutscher Flagge, von dem Hamburger Reeder Robert Miles Sloman in Fahrt gebracht. Die Reise nach New York dauert 23 Tage. Unter Dampfschlepper-Assistenz legt der Sloman-Dampfer bei den St. Pauli-Landungsbrücken ab. Hamburgs Wahrzeichen, die St. Michaelis Kirche, grüßt im Hintergrund. Der „Schiffe Mastenwald" im Hamburger Hafen, wie er in der Hammonia-Hymne besungen wird, begann nach der Erfindung der Dampfmaschine langsam aber sicher zu verschwinden.*

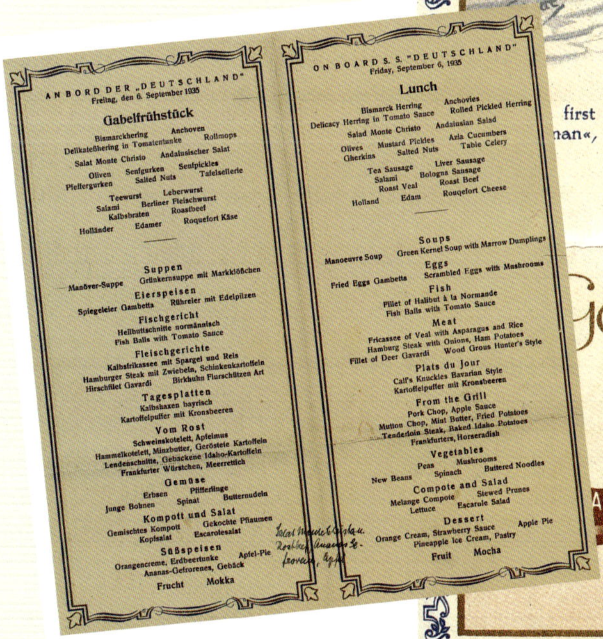

AN BORD DER „DEUTSCHLAND"
Freitag, den 6. September 1935

**Gabelfrühstück**

Bismarckhering Anchoven
Delikateßhering in Tomatentunke Rollmops
Salat Monte Christo Andalusischer Salat
Oliven Senfgurken Senfpickles
Pfeffergurken Salted Nuts Tafelsellerie

Teewurst Leberwurst
Salami Berliner Fleischwurst
Kalbsbraten Roastbeef
Holländer Edamer Roquefort Käse

**Suppen**
Manöver-Suppe Grünkernsuppe mit Markklößchen

**Eierspeisen**
Spiegeleier Gambetta Rühreier mit Edelpilzen

**Fischgericht**
Heilbuttschnitte normännisch
Fish Balls with Tomato Sauce

**Fleischgerichte**
Kalbsfrikassee mit Spargel und Reis
Hamburger Steak mit Zwiebeln, Schinkenkartoffeln
Hirschfilet Gavardi Birkhuhn Flurschützen Art

**Tagesplatten**
Kalbshaxen bayrisch
Kartoffelpuffer mit Kronsbeeren

**Vom Rost**
Schweinskotelett, Apfelmus
Hammelkotelett, Minzbutter, Geröstete Kartoffeln
Lendenschnitte, Gebackene Idaho-Kartoffeln
Frankfurter Würstchen, Meerrettich

**Gemüse**
Erbsen Pfifferlinge
Junge Bohnen Spinat Butternudeln

**Kompott und Salat**
Gemischtes Kompott Gekochte Pflaumen
Kopfsalat Escarolesalat

**Süßspeisen**
Orangencreme, Erdbeertunke Apfel-Pie
Ananas-Gefrorenes, Gebäck

Frucht Mokka

ON BOARD S. S. "DEUTSCHLAND"
Friday, September 6, 1935

**Lunch**

Bismarck Herring Anchovies
Delicacy Herring in Tomato Sauce Rolled Pickled Herring
Salad Monte Christo Andalusian Salad
Olives Mustard Pickles Azia Cucumbers
Gherkins Salted Nuts Table Celery

Tea Sausage Liver Sausage
Salami Bologna Sausage
Roast Veal Roast Beef
Holland Edam Rouqefort Cheese

**Soups**
Manoeuvre Soup Green Kernel Soup with Marrow Dumplings

**Eggs**
Fried Eggs Gambetta Scrambled Eggs with Mushrooms

**Fish**
Fillet of Halibut à la Normande
Fish Balls with Tomato Sauce

**Meat**
Fricassee of Veal with Asparagus and Rice
Hamburg Steak with Onions, Ham Potatoes
Fillet of Deer Gavardi Wood Grous Hunter's Style

**Plats du Jour**
Calf's Knuckles Bavarian Style
Kartoffelpuffer mit Kronsbeeren

**From the Grill**
Pork Chop, Apple Sauce
Mutton Chop, Mint Butter, Fried Potatoes
Tenderloin Steak, Baked Idaho Potatoes
Frankfurters, Horseradish

**Vegetables**
Peas Mushrooms
New Beans Spinach Buttered Noodles

**Compote and Salad**
Melange Compote Stewed Prunes
Lettuce Escarole Salad

**Dessert**
Orange Cream, Strawberry Sauce Apple Pie
Pineapple Ice Cream, Pastry

Fruit Mocha

Atlantik mit Segelschiffen aufgenommen. Sie hatten im allgemeinen 20 Kajüt- und 200 Zwischendeckplätze. Der erste regelmäßige Dienst mit Dampfern wurde 1840 von Samuel Cunard, einem Geschäftsmann im britisch-kanadischen Halifax, eingerichtet. Den ersten Passagierdampfer unter deutscher Flagge setzte 1850 der Hamburger Reeder Robert Miles Sloman in Fahrt. Das Schiff, erbaut auf einer Werft in England, besaß keine Schaufelräder. Inzwischen hatte Joseph Ressel die Schiffsschraube erfunden. Die „Helene Sloman", getauft auf den Namen der Tochter des Reeders, verfügte über 42 Betten in der Ersten und 32 in der Zweiten Klasse. Im Zwischendeck war Platz für 236 Passagiere.

*Ein stolzer Bremer Matrose, möwenumflattert, winkt aus den Wanten der Heimat zu.*

Die erste Reise nach New York dauerte 23 Tage. Die dritte war die letzte: In der Nähe von Neufundland schlug ein schwerer Brecher das Schiff leck. Die Schraube wurde beschädigt, das Ruder zerstört. Besatzung und Passagiere versuchten, das Wasser aus dem hilflos treibenden Schiff herauszupumpen. Ein englisches Segelschiff rettete sie, bis auf neun, die ihr Leben bei einem Rettungsbootsunglück verloren.

Bremer Kaufleute erwarben 1852 aus der Konkursmasse der Flotte des Deutschen Bundes zwei Raddampfer und rüsteten sie für die Passagierfahrt um: „Germania" und „Hansa" konnten in der Ersten Klasse je 50, im Zwischendeck einige hundert Passagiere befördern. Sie waren die einzigen Atlantikdampfer mit hölzernen Rümpfen. Technische Mängel, vor allem Brüche der großen Schaufelradblätter, machten sie für ein lukratives Geschäft auf Dauer ungeeignet. 1857 wurden sie nach England verkauft.

Getragen von Reeder- und Kaufmannskonsortien wurden 1847 in Hamburg die Hapag und ein Jahr darauf in Bremen der Norddeutsche Lloyd gegründet. Die Hapag ließ ihre Dampfer „Hammonia" und „Borussia" auf Jungfernfahrt gehen. Das erste Schiff des Norddeutschen Lloyd trug den Namen seines hansastädischen Heimathafens „Bremen":

In der sich entwickelnden Passagierschiffahrt blieben Katastrophen nicht aus. Im September 1854 war die „Arctic" des mit Cunard konkurrierenden amerikanischen Reeders Collins auf den Neufundlandbänken im Nebel mit einem kleinen französischen Dampfer zusammengestoßen; von 233 Passagieren und 175 Mann Besatzung konnten nur 86 in Rettungsbooten Land erreichen. Im Januar 1855 verschwand spurlos mit 45 Passagieren und 175 Mann Besatzung Collins „Pacific", die im April 1852 als erstes Schiff den Atlantik in weniger als zehn Tagen überquert hatte. 57 Jahre vor dem Untergang der „Titanic" war wahrscheinlich auch ein Eisberg ihr Schicksal.

Die technische Revolution schritt voran. Der Strom der Auswanderer in die Neue Welt schwoll weiter an. Die Dampfer wurden größer. Ihre Besegelung, ohnehin Hilfsbesegelung, verschwand in den 1880er Jahren vollständig. Der Luxus auf den Passagierschiffen nahm zu. Ende des Jahrhunderts erloschen in allen Decks die Gaslampen und die Petroleumlaternen. Das elektrische Licht wurde angeknipst. Und was Essen und Trinken an Bord betrifft, gab es einen Riesenfortschritt mit der 1874 bis 1876 von Carl von Linde, Professor in München, entwickelten Eismaschine. Der Proviant konnte fortan kühl gelagert, der Champagner kalt serviert werden. Die Tiefkühlung kam allerdings erst Jahrzehnte später.

NORDDEUTSCHER LLOYD BREMEN.

WRACK, SCHLEPPER und DAMPFER. S. S. „FRANKFURT", den 10. Februar 1905.

Speise-Karte.

Kraftbrühe auf italienische Art

Blätterteigpastetchen mit Austern

Gespickte Rindsnuss Blumenkohl
Pariser Kartoffeln

Kalbszunge Berliner Sauce

Gebratener Puter
Erdbeeren—Kompott Grüner Salat

Flammeri mit Himbeersauce Backwerk

Obst Nachtisch

Kaffee

WILH. JÖNTZEN BREMEN.

*Ein Bild von Themistocles von Eckenbrecher ziert die Speise-Karte des Lloyd von 1906. Der Titel „Wrack, Schlepper, Dampfer" kündet vom Niedergang der Segelschiffzeit.*

*Nicht nur über den Nordatlantik baute der Norddeutsche Lloyd einen Passagierdienst auf. Schon lange vor der Jahrhundertwende richtete sich das Augenmerk der Reederei auch auf Ostasien. Eine Menükarte im Jugendstil mit Schiff, Reedereiwappen und Kaiser.*

# Glanz und Gloria der Dampfschiffahrt

**Das Rennen der Luxusliner brachte die Seefahrt zur Blüte. Nie hatte Deutschland einen größeren Anteil daran als zu Kaisers Zeiten.**

„Transportation means civilization", hat Rudyard Kipling, der als „Sänger des britischen Empires" gepriesen wurde, erklärt. In der Tat veränderte sich das Gesicht der ganzen Welt in den Jahrzehnten, in denen der 1865 geborene Dichter aufwuchs. Es begann der Transport von immer mehr Menschen und Waren auf der Eisenbahn quer durch die Kontinente, zu Schiff über alle Ozeane schneller und intensiver als je zuvor. Die Hauptschlagader des Weltverkehrs, zumal der Personenbeförderung, war nunmehr die Route über den Nordatlantik. Für das Prestige und die Entwicklung der nach Rohstoffen lechzenden Industrienationen entwickelte sich parallel dazu die Fahrt zu den Kolonien, anfangs ausschließlich mit Ladung, dann zunehmend auch mit Passagieren.

Den ersten Liniendienst zwischen Europa und Amerika hatten von 1817 an amerikanische und englische Schiffe aufgenommen. Sie segelten zwischen Liverpool und New York oder Baltimore, Philadelphia oder Boston zu jeder Jahreszeit. Die „Bergfahrt", von Ost nach West, dauerte rund 40 und die „Talfahrt", mit den vorherrschenden Westwind im Rücken, etwa 24 Tage. Neu im Reedereigeschäft und von den meisten Reedern zunächst als riskant empfunden, waren die festen Abfahrttermine – ohne Rücksicht, ob die Laderäume bis in die letzte Ecke vollgestaut und die Passagierplätze ausgebucht waren. Im letzten Augenblick vor dem Ablegen wurde ein lederner Sack mit Post an Bord genommen, das „Packet", weshalb sich für diese Schiffe die Bezeichnung „Packetboats" einbürgerte, zu Deutsch Postschiffe. Als Zeichen besonderer Zuverlässigkeit ist das Wort im heute altertümlich wirkenden Gründungsnamen der Hapag erhalten geblieben: „Hamburg-Amerikanische Packetfahrt-Actien-Gesellschaft".

*Marinemaler Bohrdt pries die Verbundenheit der Deutschen mit der Schiffahrt. Unter der Kaiserkrone wehen die Farben des Reiches, Hamburgs und der Hapag.*

Die „Packet"-Segelschiffe umgab noch nicht der Glanz und Luxus der späteren schnellen Passagierdampfer. Immerhin aber hatten die Kajütpassagiere eine Kammer für sich: doppelstöckige Koje, gepolsterte Bank, Waschtisch mit Wasser aus der Kanne,

Rasierspiegel, Kleiderhaken; und auch im Zwischendeck, wo die obligatorischen Pellkartoffeln mit Hering ein beliebtes Mahl waren, konnte man kaum klagen. Gekocht wurde für alle. In der Regel lebte man auf der Überfahrt nicht anders, als das Essen war: gleichsam „gut bürgerlich".

*Ein vornehmes Ehepaar promeniert an Deck eines Überseedampfers des Bremer Norddeutschen Lloyd.*

Hingegen herrschten auf vielen Auswandererschiffen Zustände, wie sie 1848 ein englischer Sozialreferent aus eigener Erfahrung rügte: „Hunderte von Männern und Frauen, vom Kleinkind bis zum tatterigen Greis, mit ihrem Gepäck eingepfercht im dunklen, stickigen Zwischendeck, seekrank, fiebernd, manche sterbend, die Betten starr vor Schmutz, zu wenig Wasser zum Selbstkochen und zum Trinken, keines zum Waschen..." Die Horrorberichte häuften sich, seit eine Art Völkerwanderung nach Übersee begonnen hatte. Schon von 1819 bis 1859 registrierten die Vereinigten Staaten fast fünf Millionen Einwanderer aus Europa, die meisten, 2,6 Millionen aus England und Irland, 1,6 Millionen aus Deutschland und Österreich. Um das, was man „Mißstände" nannte, zu beheben, hatte 1848 die englische Kolonial- und Auswandererbehörde eine Verordnung erlassen, die unter anderem bestimmte: Die Decks seien täglich zu fegen, „auch unter den Bettgestellen", die Kochkessel jeden Abend zu reinigen, die Bullaugen, „soweit vorhanden" und natürlich nur, wenn das Wetter es erlaubte, tagsüber und die Niedergangsluken jederzeit offenzuhalten. Angeordnet wurde auch: Am Hauptniedergang müsse nachts eine Laterne brennen, und jeder Passagier habe um 7 Uhr aufzustehen und abends um 10 im Bett zu sein.

In Amerika drohte dem Kapitän für jeden Sterbefall an Bord eine Zahlung von zehn Dollar. Wenn zu wenig und zu schlechtes Essen ausgegeben wurde, folgte eine Geldstrafe von 1.000 Dollar oder Gefängnis und war die Höchstzulassungszahl an Passagieren um mehr als 20 überschritten konnte sogar das Schiff beschlagnahmt werden. Auch in England wurden die Gesetze verschärft. Noch bevor die Dampfer weitere Millionenmassen von Auswanderern transportierten – allein im Jahr 1913 mehr als 1,4 Millionen – war die Sterblichkeitsquote drastisch vermindert worden.

Der Luxus auf Schiffen begann erst, als immer mehr Menschen sich einen Trip über die Ozeane leisten konnten. Luxus? „Jeder persönliche Aufwand, der eine von der sozialen Umwelt als normal empfundene Lebenshaltung auffällig übersteigt", definiert ihn die Brockhaus-Enzyklopädie; „als demonstrativer Konsum" könne er zum Beispiel „als Beweis des eigenen wirtschaftlichen Leistungsvermögens und damit zur Erhöhung des sozialen Ansehens dienen"; und natürlich kann man lang und breit darüber streiten, wozu Luxus gut und warum er schlecht sei, bis hin zu dem Einwand, welcher unerhöhrte Luxus auch darin bestehen könne, auf Wecker und Telefon zu verzichten.

Auf den Luxus, der in die Decks einzog und mit den Schiffen betrieben wurde, trifft die Lexikonweisheit zweifellos zu. Was die zahlungskräftigen und -willigen Passagiere anbelangt, entsprang der Luxus an Bord dem üblichen Wirtschaftswechselspiel von Angebot und Nachfrage. Die riesigen Schnelldampfer selbst waren ein „persönlicher Aufwand" seefahrender Nationen und eine Demonstration des „eigenen wirtschaftlichen Leistungsvermögens". Für das Deutsche Reich waren sie die imposante Bekräftigung des Qualitätsnachweises „made in Germany".

*Drei Nixen grüßen – die Reedereiflagge schwenkend – einen Überseedampfer des Norddeutschen Lloyd. Die Dampfer der Bremer Reederei fuhren zu allen Kontinenten.*

Norddeutscher Lloyd, Bremen.

# Speise-Karte

Dampfer ALLER

Donnerstag 13. September 1894

## Mittagessen.

Fleischbrühe mit Sago

Steinbutt, Austernsauce

Rostbraten, Kartoffeln à la maître d'hôtel

Kalbsbraten Spinat mit Ei

Schnittbohnen

Kalbsmidder à la Delmonico

Taubenbraten Salat & Kirschen-Kompot

Stangenspargel mit zerl. Butter

Pudding à la Metternich

Rahmeis und Sand-Torte

Frucht Nachtisch

Kaffee

*Die Speise-Karte des Dampfers „Aller" des Norddeutschen Lloyd vom 13. September 1894 bietet „Stangenspargel mit zerl. Butter", also zu einer Zeit weit außerhalb der Spargelsaison.*

Norddeutscher Lloyd, Bremen.

# Bill of Fare

S. S. ALLER

Thursday, September 13, 1894

## Dinner

Beefbroth with sago

Turbot, oyster-sauce

Rcastbeef, potatoes à la maître d'hôtel

Roast veal — Spinach and egg

String beans

Sweetbread à la Delmonico

Roast pigeon — Salad & Cherry-compot

Asparagus, melted butter

Pudding à la Metternich

Icecream and cake

Fruit — Dessert

Coffee

*Auf dem Titelbild der Karte sind Ausschnitte aus dem Fahrtgebiet der Reederei wiedergegeben, wobei das untere Motiv eine Fahrt durch den Suez-Kanal darstellt. Zweisprachiger Text war üblich auf den Reisen.*

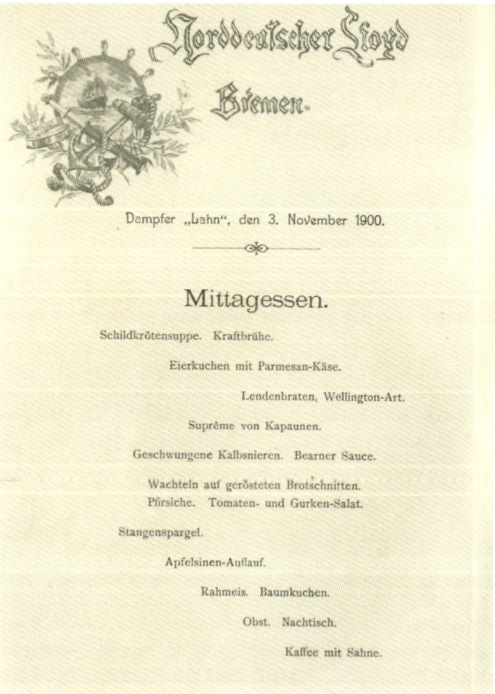

Norddeutscher Lloyd

Bremen.

Dampfer „Lahn", den 3. November 1900.

## Mittagessen.

Schildkrötensuppe. Kraftbrühe.

Eierkuchen mit Parmesan-Käse.

Lendenbraten, Wellington-Art.

Suprême von Kapaunen.

Geschwungene Kalbsnieren. Bearner Sauce.

Wachteln auf gerösteten Brotschnitten.
Pfirsiche. Tomaten- und Gurken-Salat.

Stangenspargel.

Apfelsinen-Auflauf.

Rahmeis. Baumkuchen.

Obst. Nachtisch.

Kaffee mit Sahne.

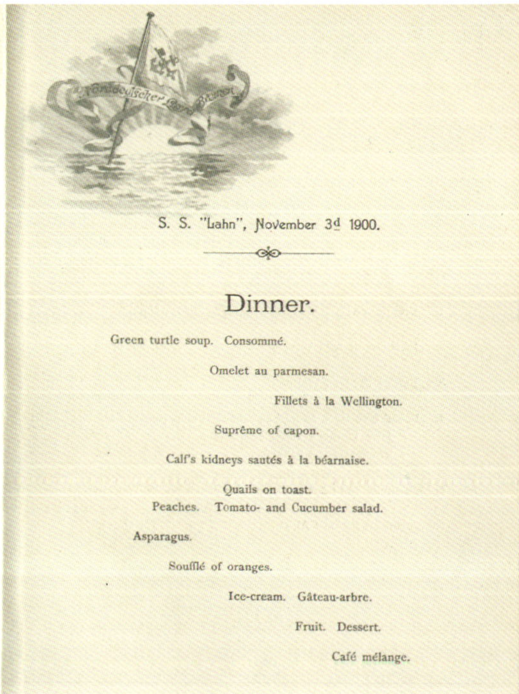

S. S. "Lahn", November 3d 1900.

## Dinner.

Green turtle soup. Consommé.

Omelet au parmesan.

Fillets à la Wellington.

Suprême of capon.

Calf's kidneys sautés à la béarnaise.

Quails on toast.
Peaches. Tomato- and Cucumber salad.

Asparagus.

Soufflé of oranges.

Ice-cream. Gâteau-arbre.

Fruit. Dessert.

Café mélange.

*Diese Speisekarten von 1900 zeigen Motive aus der deutschen Geschichte. Sie beginnt mit Kaiser Barbarossa und dem Passagierdampfer gleichen Namens. Die Germania hält der „Lahn" einen Lorbeerkranz hin.*

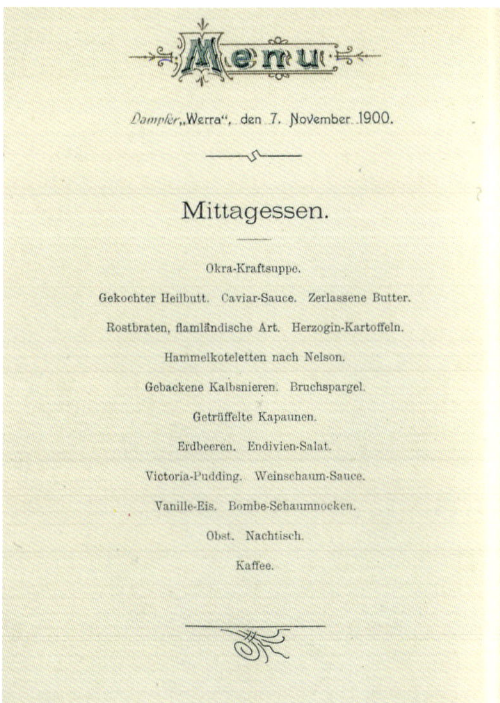
Menu

Dampfer „Werra", den 7. November 1900.

Mittagessen.

Okra-Kraftsuppe.

Gekochter Heilbutt. Caviar-Sauce. Zerlassene Butter.

Rostbraten, flamländische Art. Herzogin-Kartoffeln.

Hammelkoteletten nach Nelson.

Gebackene Kalbsnieren. Bruchspargel.

Getrüffelte Kapaunen.

Erdbeeren. Endivien-Salat.

Victoria-Pudding. Weinschaum-Sauce.

Vanille-Eis. Bombe-Schaumnocken.

Obst. Nachtisch.

Kaffee.

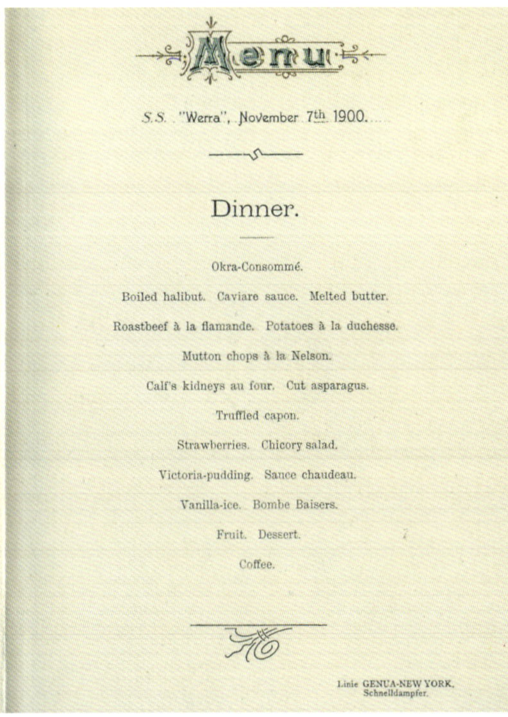
Menu

S.S. "Werra", November 7th 1900.

Dinner.

Okra-Consommé.

Boiled halibut. Caviare sauce. Melted butter.

Roastbeef à la flamande. Potatoes à la duchesse.

Mutton chops à la Nelson.

Calf's kidneys au four. Cut asparagus.

Truffled capon.

Strawberries. Chicory salad.

Victoria-pudding. Sauce chaudeau.

Vanilla-ice. Bombe Baisers.

Fruit. Dessert.

Coffee.

Linie GENUA-NEW YORK.
Schnelldampfer.

*Über der Quadriga ist Kaiser Wilhelm I. dargestellt, darunter der Dampfer „Kaiser Wilhelm der Große". Daneben ein Portrait Friedrich des Großen, nach dem ebenfalls ein Dampfer benannt war.*

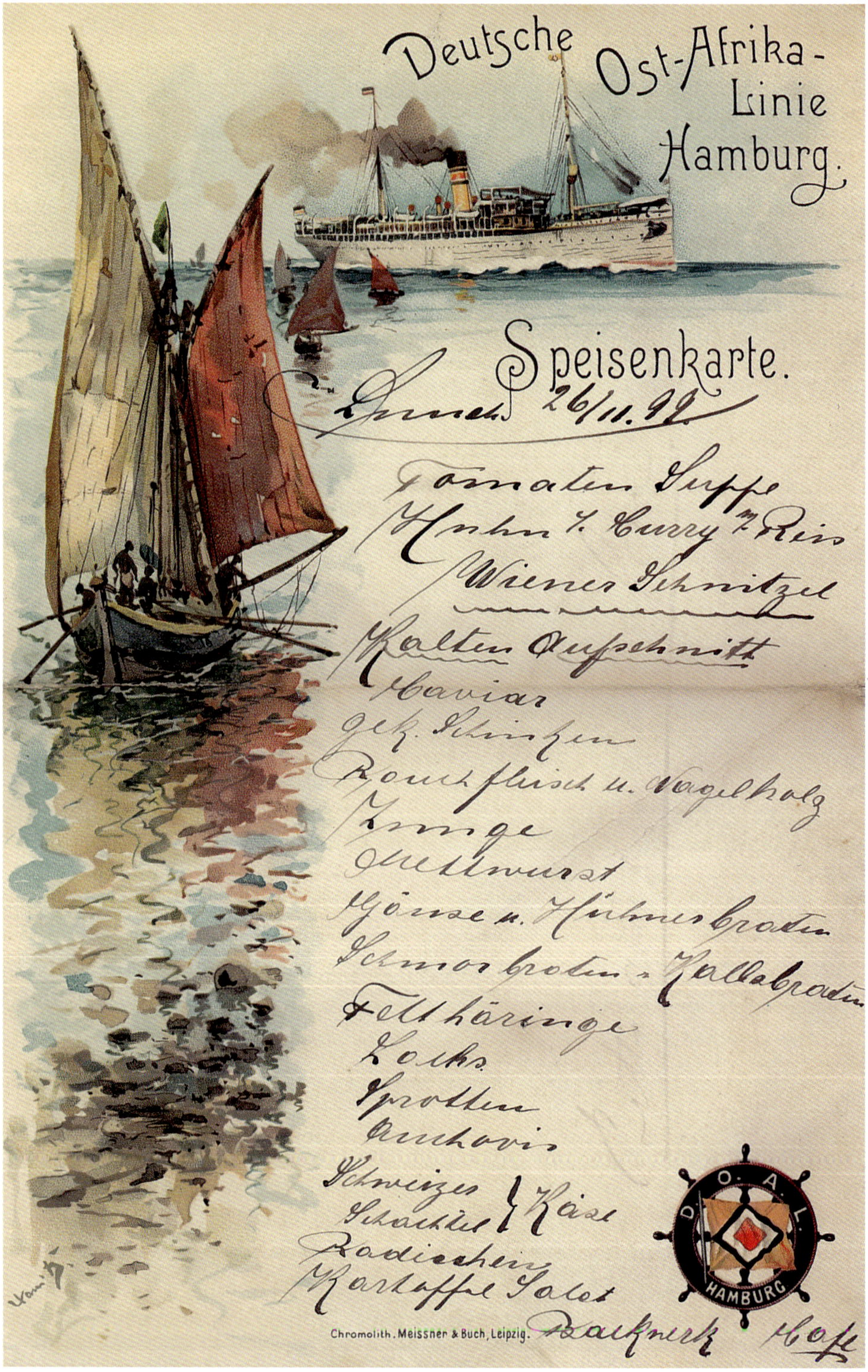


*Auf den Reisen zu den Kolonialgebieten ging es nicht so vornehm zu wie auf dem Atlantik. Die Karte der Deutschen Ost-Afrika-Linien ist 1899 noch mit der Hand geschrieben.*

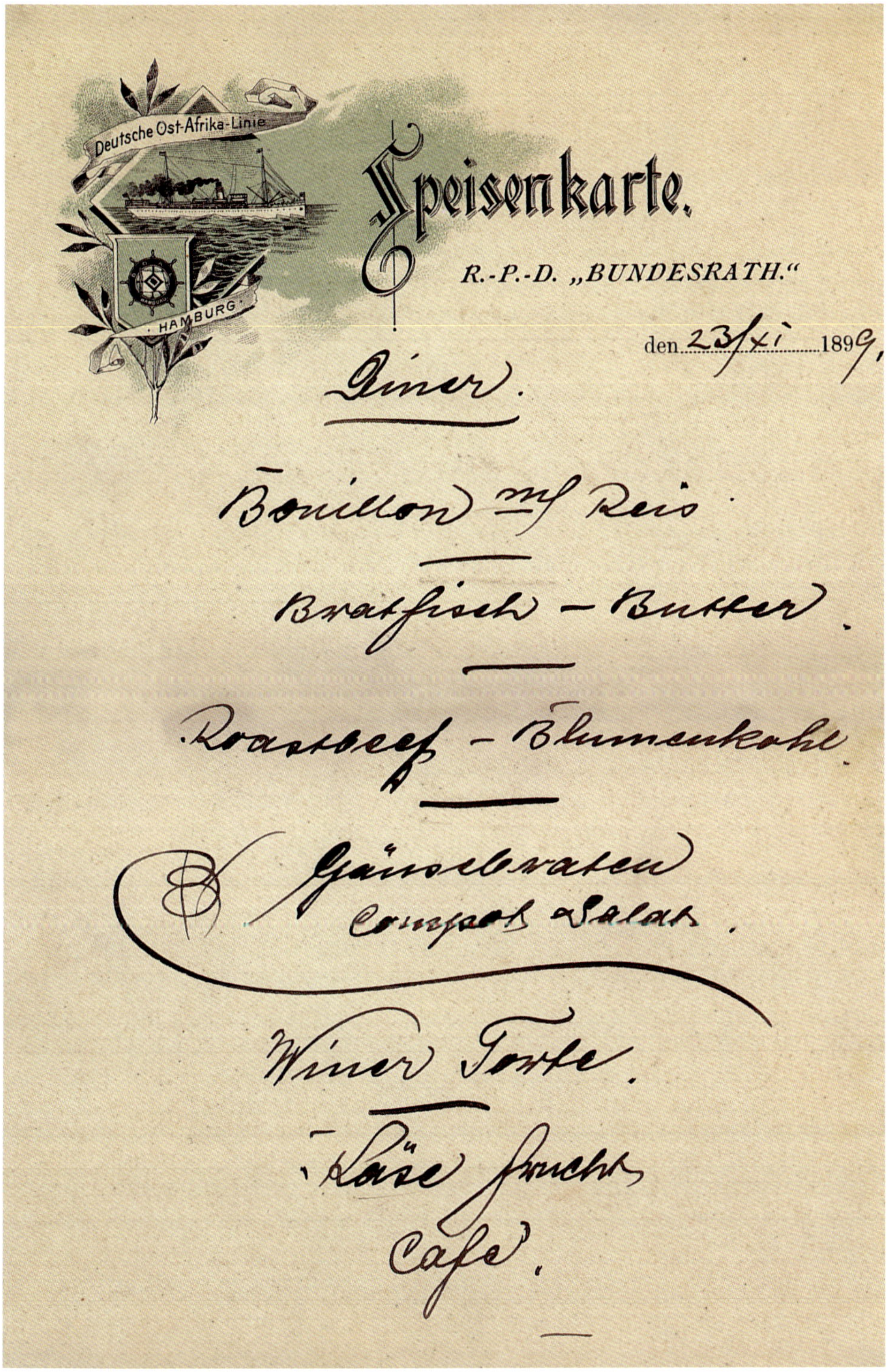

Deutsche Ost-Afrika-Linie

HAMBURG

Speisenkarte.

R.-P.-D. „BUNDESRATH."

den 23/XI 1899.

Diner.

Bouillon mit Reis.

Bratfisch – Butter.

Roastbeef – Blumenkohl.

Gänsebraten
Compot Salat.

Winer Torte.

Käse Frucht

Cafe.

*1892 eröffnete das Deutsche Reich eine Postdampferlinie zu den Kolonien in Ostafrika. Für die wenigen Passagiere der „Bundesrath" genügte 1899 ebenfalls eine handgeschriebene Karte.*

FESTTAFEL
AUS ANLASS DER
FEIERLICHEN ERÖFFNUNG
DES
NORD-OST-SEE-KANALS
HOLTENAU 21·IUNI 1895
E. Doepler d.

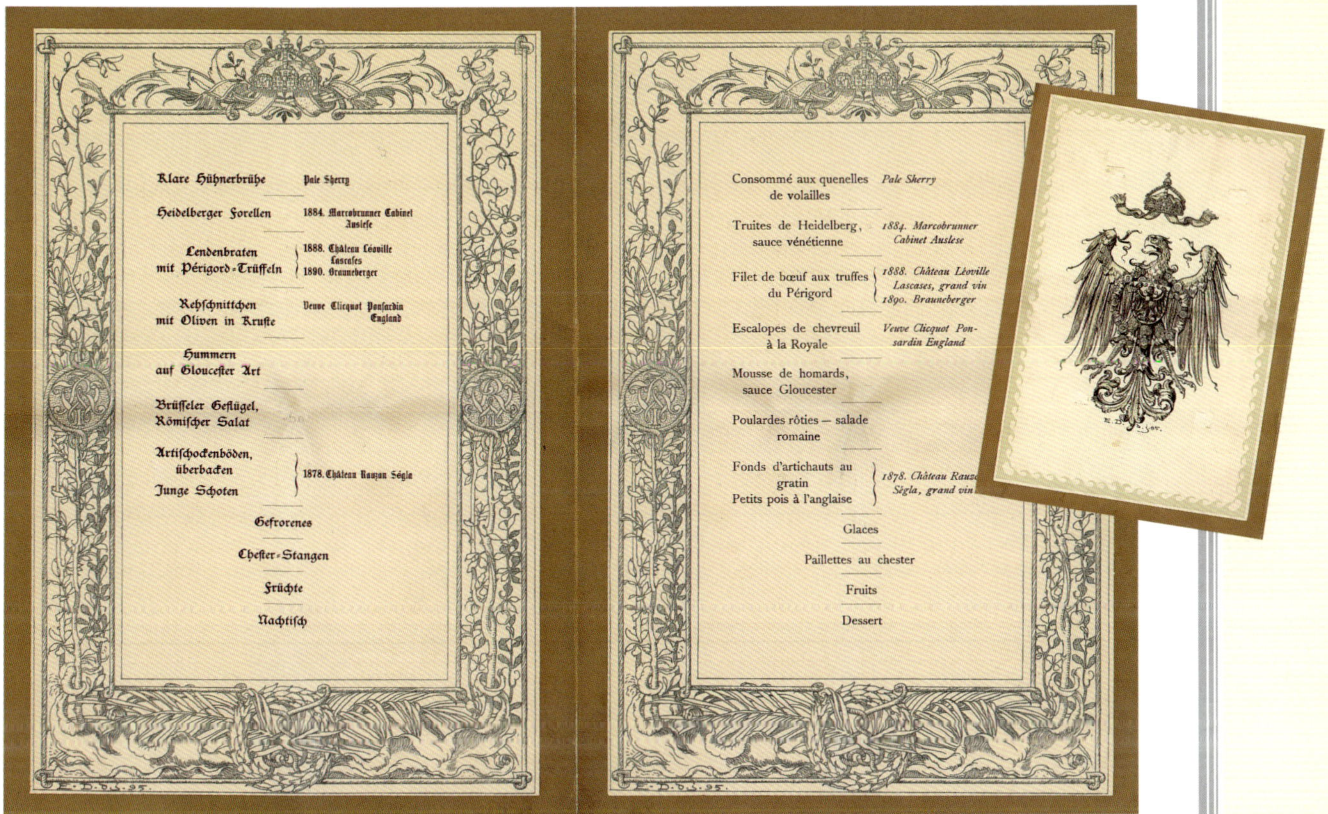

| | |
|---|---|
| Klare Hühnerbrühe | Pale Sherry |
| Heidelberger Forellen | 1884. Marcobrunner Cabinet Auslese |
| Lendenbraten mit Périgord-Trüffeln | 1888. Château Léoville Lascases<br>1890. Brauneberger |
| Rehschnittchen mit Oliven in Kruste | Veuve Clicquot Ponsardin England |
| Hummern auf Gloucester Art | |
| Brüsseler Geflügel, Römischer Salat | |
| Artischockenböden, überbacken<br>Junge Schoten | 1878. Château Rauzan Ségla |
| Gefrorenes | |
| Chester-Stangen | |
| Früchte | |
| Nachtisch | |

| | |
|---|---|
| Consommé aux quenelles de volailles | *Pale Sherry* |
| Truites de Heidelberg, sauce vénétienne | *1884. Marcobrunner Cabinet Auslese* |
| Filet de bœuf aux truffes du Périgord | *1888. Château Léoville Lascases, grand vin*<br>*1890. Brauneberger* |
| Escalopes de chevreuil à la Royale | *Veuve Clicquot Ponsardin England* |
| Mousse de homards, sauce Gloucester | |
| Poulardes rôties — salade romaine | |
| Fonds d'artichauts au gratin<br>Petits pois à l'anglaise | *1878. Château Rauz[...] Ségla, grand vin* |
| Glaces | |
| Paillettes au chester | |
| Fruits | |
| Dessert | |

# *Eine Kaiserliche Festmahlzeit*

*Aus Anlaß der feierlichen Eröffnung des Nord-Ostsee-Kanals am 21. Juni 1895 in Kiel-Holtenau wurde eines der aufwendigsten und prestigereichsten Feste der wilhelminischen Ära gefeiert. Das Ansehen des Deutschen Reiches und seines Souveräns standen auf dem Höhepunkt. Zu den Feierlichkeiten, die in den gleichen Zeitraum wie die Kieler Woche gelegt waren, wurde nach englischem Vorbild eine Flottenschau auf der Kieler Förde organisiert, an der alle europäischen Seemächte sowie Japan und die Vereinigten Staaten von Amerika teilnahmen. An den Bojen und vor Anker lagen 53 Panzerschiffe, Kreuzer und andere größere Einheiten aus dem Ausland. Die Kaiserliche Marine war offiziell mit 41 Schiffen beteiligt. Zehn Passagierdampfer dienten als Hotelschiffe, da die Aufnahmefähigkeit der Kieler Hotels restlos erschöpft war. 182 Dampf- und Segelschiffe waren versammelt, darunter einige der größten Rennyachten die jemals gebaut wurden.*

*Die Tribünen am Festplatz vor dem Leuchtturm von Holtenau boten 8.000 Plätze für die bevorzugten Zuschauer der Haupt- und Staatsaktion am Eröffnungstag. Für die 1.040 zum Festmahl geladenen Gäste war in Holtenau eine Halle aufgebaut worden, die einem überdimensionierten Dreimaster aus Nelsons Zeiten glich: 140 Meter lang, der Großmast ragte 65 Meter hoch in den Himmel über der Förde. Die Tische waren beim Galadiner mit 116.640 Rosen geschmückt. Das haben die Organisatoren mit preußischer Korrektheit notiert. Die Kanal-Feierlichkeiten waren nicht nur der gesellschaftliche Höhepunkt des Jahres 1895, sie waren neben den Krönungsfeierlichkeiten der Höhepunkt einer ganzen Epoche.*

Der erste Ozeanriese wurde in England gebaut und war ein Fiasko. 210 Meter lang war die „Great Eastern", rund doppelt so lang wie der nächstgrößte Dampfer in jenen Jahren. Sie mußte seitlich von Stapel laufen. Beim ersten Versuch blieb sie nach wenigen Zentimetern stehen. Für die zehntausendköpfige Zuschauermenge war das ein Glück. Spätere Berechnungen ergaben, daß der Koloß, wäre er mit Wucht in die Themse gerauscht, eine mehrere Meter hohe Flutwelle aufgeworfen hätte. In monatelanger Arbeit wurde er mit hydraulischen Pressen vom Ablaufgerüst ins Wasser gedrückt.

Dieser erste Ozeandampfer mit einer Schiffsschraube statt Schaufelrädern war 1843 die „Great Britain". Die „Great Eastern" hatte beides, einen Propeller von fast fünf Metern Durchmesser und zwei Räder in Kästen, die höher als die Bordwand waren, dazu sechs Masten für Segel. 4.000 Passagiere sollte das mit 18.915 BRT vermessene Schiff aufnehmen, fast doppelt so viele wie die „Queen Mary" (80.774 BRT), die 1936 eines der größten Schiffe der Welt war.

Mit ganzen 35 zahlenden Passagieren, unter ihnen Jules Verne, ging die „Great Eastern" im Juni 1860 auf Jungfernreise nach New York. Der französische Erfolgsschriftsteller ließ sich an Bord zu seinem Zukunftsroman „Die schwimmende Stadt" inspirieren. Die Überfahrt dauerte 11 Tage. Auf der Rückreise mit 100 Passagieren wurde ein Rekord von neun Tagen und vier Stunden erzielt. Die dritte Fahrt, 1861, war die aufregendste.

Im Sturm rutschten Tische, Stühle und der Flügel schräg durch die Räume. Im Vertrauen auf die Größe des Schiffs hatte man das Mobiliar nicht festgeschraubt. Salon und Speisesaal wurden zertrümmert. Die Gasbeleuchtung – zum ersten Male auf einem Schiff installiert – fiel aus. Durch zerschlagene Bullaugen drang Wasser ein. Die Heizer rebellierten und machten sich über die Whisky- und Ginvorräte her. Bewaffnete Passagiere formierten sich zu einer Bordpolizei. Zwei Tage gab es nichts Warmes zu essen. Das Ruder war havariert. Ein mitreisender Ingenieur machte es mit 75 Metern Ankerkette wieder funktionsfähig. Er verlangte anschließend von der Reederei eine

*Kaiserliches Porzellan aus der Königlichen Porzellanmanufaktur Berlin, an Bord der Linienschiffe S.M.S. „Deutschland" und „Churfürst Friedrich Wilhelm" und der Yachten „Hohenzollern" und „Meteor" verwendet.*

Festessen

zu Ehren

der Herren Offiziere S. M. Schulschiff

„Charlotte"

St. Petersburg, den 23./10. Juli 1901.

MENU.

Purée de Concombres

Pot au feu

Petits Patés

Salade de Jerchy

Sauce Remoulade

Filet de boeuf à la Godard

Punch Charlotte

Poulets jeune

Salade Romaine

Petits Pois à l'Anglaise

Plombière glacée

Fruits Dessert

Café.

*An ein Festessen zu Ehren der Offiziere des Schulschiffes S.M.S. „Charlotte" in St. Petersburg erinnert diese Menukarte mit einem Motiv der Ostsee-Stadt aus dem Jahre 1901.*

Summe von 400.000 Mark. Das Gericht sprach ihm 60.000 Mark zu.

Die Reparaturen auf der „Great Eastern" kosteten 1,2 Millionen Mark. Im folgenden Jahr dampfte sie endlich auf die Gewinnseite der Bilanz, zu spät, um die vorausgegangenen Verluste ausgleichen zu können. Und dann rannte sie auch noch im Long Island Sound vor New York auf ein nicht in der Seekarte eingetragenes Riff. Taucher fanden zwei Risse im Rumpf, 26 und 12 Meter lang. Jedes andere Schiff wäre untergegangen, aber die „Great Eastern" hatte einen soliden Doppelboden. Ein Dock, das groß genug gewesen wäre, gab es nicht. Der Schaden mußte unter Wasser repariert werden. Die Kosten von 900.000 Mark schlugen ein ruinöses Loch in die Kasse der Schiffsbetreiber. Deshalb wurde die „Great Eastern" verkauft und zwischen Amerika und Neufundland zum Verlegen eines unterseeischen Telegrafenkabels eingesetzt.

Auf See glücklos, war sie doch eine Attraktion der Leute an Land, bestaunt ihrer Größe und ihrer Einrichtung wegen: fünf geräumigen Salons, die riesigen Spiegel in Goldrahmen und mit Kabinen, zum Teil mit Badewanne und fließend Warm- und Kaltwasser. Queen Victoria, ihr Mann Prinz Albert und der belgische König Leopold hatten sich das Schiff vor der Jungfernreise angeschaut. In Amerika wurden in der Provinz Ausflugsfahrten zum „splendid steamer" in New York organisiert. Das Glockenspiel der Trinity-Kirche von Manhattan hatte bei der Ankunft „Britannia, rules the waves" intoniert. Zehntausende drängten sich in England zur Besichtigung. 1885 kaufte ein Geschäftsmann aus Liverpool das ausgediente Schiff und machte aus ihm ein schwimmendes Amüsierzentrum mit Varitétheater. Das Riff, das sein Finanzunglück war, ist sein Denkmal: „Great Eastern" ist der Name, mit dem der Unterwasserfelsen seither auf der Seekarte steht.

Die denkwürdige Geschichte des ersten Ozeanriesen war die mißlungene verfrühte Generalprobe zu den Haupt- und Staatsaktionsstücken in der Ära von Glanz und Gloria. Erst zur Jahrhundertwende wurden die Maße der 1891 verschrotteten „Great Eastern" im Schiffbau übertroffen.

Mit jedem neuen Typ großer Passagierdampfer wurden die Vorgänger nun an Schnelligkeit, Wohnlichkeit und auch an Luxus übertroffen. 1881 war die „Elbe" des Norddeutschen Lloyd das erste vollständig mit elektrischem Licht ausgestattete Schiff. Die Reederei hatte erwartet und in ihrer Hauptversammlung angekündigt, daß die „Elbe" und weitere Neubauten „an Schnelligkeit von keinem Dampfer zwischen Europa und Amerika übertroffen werden". Doch die Engländer blieben einen Deut schneller. Noch war vom „Blauen Band" nicht die Rede. Was die „Elbe" stattdessen in die Zeitungsschlagzeilen und eine Debatte im Deutschen Reichstag brachte, war ein fürchterlicher Rückschlag für die Bremer Reederei: Am 30. Januar 1895 stieß das Schiff auf der Fahrt nach New York in der Nordsee mit einem englischen Frachtdampfer zusammen und sank in 25 Minuten. Unter den 332 Toten war auch der Kapitän. Nur 43 Mann überlebten. Es war die schwerste Katastrophe der deutschen Handelsschiffahrt in Friedenszeiten.

Die Reedereien begannen mittlerweile mit dem Begriff „Schnelldampfer" zu werben. Als elftes und letztes Schiff der größten Serie einheitlicher Schnelldampfer, die je gebaut wurde, stellte die Hapag 1891 die „Havel" in Dienst, für 274 Passagiere in der Ersten Klasse, 114 in der Zweiten und 387 im Zwischendeck. Salons und Speisesäle auf den Schiffen waren nicht anders als die großbürgerlichen Wohnungen und Villen an Land in einem üppigen historisierenden Stil gehalten. Einrichtungen in Art Nouveau und Art déco, sogar Anklänge an Bauhaus und Neue Sachlichkeit zeugen später von einer weit über das schiffbauliche Können hinaus gelangten künstlerischen Stilsicherheit, ja architektonischem Mut. Der Prunk und die Großzügigkeit in den mehrere Decks durchschneidenden Eßsälen erfüllte einen zusätzlichen Zweck: nämlich dem Passagier das sichere Gefühl zu vermitteln, sich in einem Luxushotel an Land zu wähnen und vergessen zu machen, daß ihn von den Abgründen

*Speisekarte aus dem Jahre 1899 des Lloyd-Dampfers „Kaiser Wilhelm der Große“, im Jugendstil gehalten. Sie wirbt bei den Passagieren für die Reisen des Norddeutschen Lloyd in alle Welt und verbindet so das Angenehme mit dem Nützlichen. Daneben ein Menu der „Prinz Heinrich“.*

des Ozeans nur ein paar Zentimeter Eisen oder Schiffbaustahl trennten.

Eine Überseepassage auf einem Luxus-Liner buchten viele Passagiere in dem Wissen, daß es keine Reisealternative gab. Sie traten Überseereisen oft genauso ungern an wie heutzutage Passagiere, die bei ihren Reisen in die klaustrophobische Enge eines Düsenflugzeuges gepfercht werden.

Gegessen wurde an Bord an langen Tafeln, an denen mit Plüsch bezogene Sessel standen. Sie hatten Armlehnen, was bei Seegang ebenso angenehm war, wie die Leisten an den Tischkanten, die verhinderten, daß rutschende Teller auf das Pleureusenkleid oder die Frackhose fielen. Die Sessel waren festgeschraubt und, was auch bei einem Anfall von Seekrankheit vorteilhaft war, alle drehbar.

Auf dem Tisch stand teures Porzellan, das Besteck war vergoldet oder versilbert. Das Tafelservice im Restaurant bestand aus feinstem Porzellan neben fein geschliffenen Glaskelchen. In „durchsichtigen Tässchen wird der schwarze arabische Trank serviert“. So war es jedenfalls auf Albert Ballins „dicken Dampfern“ den größten Hapag-Linern vor 1914 üblich, der „Imperator“ und „Vaterland“. Sie führten pro Reise je 52.000 Servietten mit. In der Reedereibroschüre hieß es, daß 100 Bräute mit den Vorräten im Wäschespind jahrzehntelang auskommen würden. Von den Servietten „sind etliche aus feinschimmerndem Damast, andere tragen farbige Musterungen und Hohlsäume, wieder andere sind schlicht weiß und großfädig“. In den Kammern der Schiffe fanden sich mehr als 30.000 Handtücher, „ein Vorrat der keineswegs zu niedrig bemessen ist, denn der moderne Reisende verlangt, wie im neuzeitlichen Hotel, auch an Bord in der 1. Klasse mindestens vier Handtücher pro Tag“. Die Hapag-Broschüre weiter: „Und wenn dann beim Diner aus schlank gestielten Treibhausblumen, mit denen der Schiffsgärtner die breiten Schalen füllte, berauschender Duft quillt, wenn die in allen Sprachen geführte Unterhaltung sprüht, wie der Sekt im funkelnden Glase, und wenn eine weiche tändelnde Musik ihre Klänge in das Lachen schöner eleganter Frauen mischt, dann ist die Illusion vollkommen: Sie haben die Weltstadt auf dem Ozean!“

Für die Kabinen lagen „10.000 Kissenbezüge sowie 5.000 Betttücher und die gleiche Anzahl von Bettbezügen bereit. Insgesamt belief

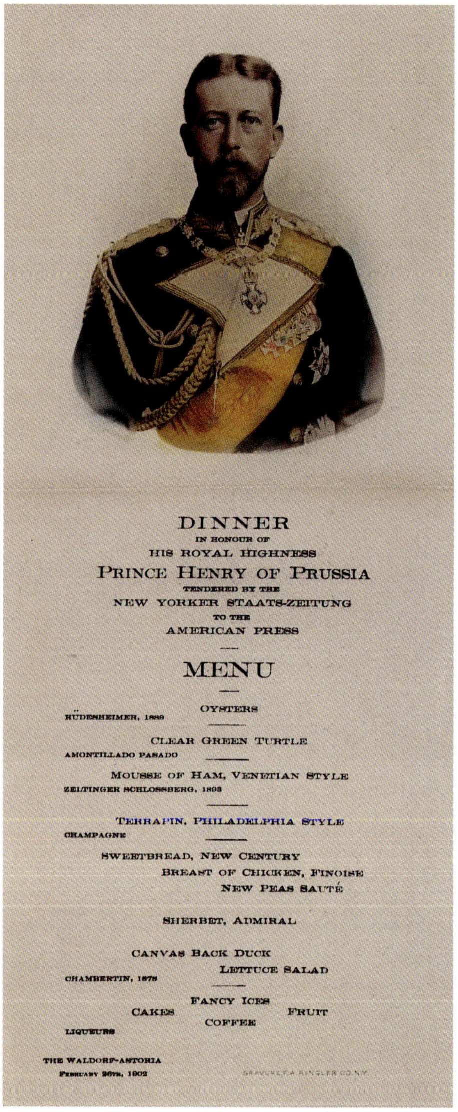
DINNER
IN HONOUR OF
HIS ROYAL HIGHNESS
PRINCE HENRY OF PRUSSIA
TENDERED BY THE
NEW YORKER STAATS-ZEITUNG
TO THE
AMERICAN PRESS

MENU

RÜDESHEIMER, 1889 — OYSTERS

AMONTILLADO PASADO — CLEAR GREEN TURTLE

ZELTINGER SCHLOSSBERG, 1893 — MOUSSE OF HAM, VENETIAN STYLE

CHAMPAGNE — TERRAPIN, PHILADELPHIA STYLE

SWEETBREAD, NEW CENTURY
BREAST OF CHICKEN, FINOISE
NEW PEAS SAUTÉ

SHERBET, ADMIRAL

CANVAS BACK DUCK
LETTUCE SALAD
CHAMBERTIN, 1878

FANCY ICES
CAKES
FRUIT
COFFEE
LIQUEURS

THE WALDORF-ASTORIA
FEBRUARY 26TH, 1902

*Auf Seide gedruckte Speisekarte des Galadiners zu Ehren von Prinz Heinrich von Preußen, dem Bruder des Kaisers, anläßlich des Stapellaufs der Yacht „Meteor“ 1902 in New York (rechte Seite). Gegessen wurde im damals größten Hotel der Welt, im Waldorf-Astoria. Das Bild zeigt den Prinzen, der ein guter Segler war, in seiner Marine-Galauniform.*

Norddeutscher Lloyd
Bremen.
F. v. Eckenbrecher

sich die Wäscheaussteuer der „Vaterland“ auf 160.000 Stück mit einem Gewicht von 40.000 Kilogramm.

Speise- oder Menukarten wurden mit geradezu liebevoller Aufwendigkeit hergestellt. Noch nicht auf den kaiserlichen Dampfern, aber zwei Jahrzehnte später, war es nicht unüblich, wenn man unter der Speisenfolge der Hauptmahlzeit den diskreten Hinweis lesen konnte: „Die Passagiere werden höflichst gebeten im Speisesaal nicht zu rauchen.“ Bis in die 90er Jahre des letzten Jahrhunderts wurden Menukarten auf meist kolorierten Vordrucken mit der Hand geschrieben. Die Schreibmaschine, seit Mitte der 1870er Jahre fabrikmäßig hergestellt, klapperte bald danach auch an Bord. Auf den großen Dampfern gab es schließlich Borddruckereien. Der Fortschritt war unaufhaltbar, nicht nur in der Atlantikfahrt.

„Ohne Kolonien keine Sicherheit im Bezuge von Rohstoffen; ohne Rohstoffe keine Industrie; ohne Industrie kein ausreichender Wohlstand. Darum, Deutsche, müssen wir Kolonien haben!“

Der kaiserliche Feldmarschall und spätere Reichspräsident Paul von Hindenburg formulierte, was alle großen Nationen als recht und billig ansahen. Etwas eleganter hatte den Gedanken1834 Friedrich List ausgedrückt, der Gründer des Deutschen Zollvereins: „Wer an der See keinen Anteil hat, der ist ausgeschlossen von den guten Dingen und Ehren dieser Welt, der ist des lieben Herrgotts Stiefkind“.

Dieser Satz gehört, wer will es ihnen verdenken, bis heute zum Stammvokabular tüchtiger deutscher Reeder. Dabei kamen die Deutschen erst sehr spät ins Überseegeschäft. Spanier, Holländer, Briten, Franzosen, Belgier, Portugiesen, sie waren zum Teil Jahrhunderte früher in die fernöstlichen oder afrikanischen Schatzkammern aufgebrochen und hatten sich munter bedient. 1914, so errechneten die deutschen Kolonialisten, stand das Größenverhältnis zwischen Mutterland und Kolonialbesitz bei den führenden Engländern im Verhältnis 105:1, in Deutschland, das an letzter Stelle der großen Nationen lag, gerade mal bei 5:1.

Ostasien zum Beispiel versprach ein gutes Geschäft. Seit 1840 bestand in Singapur mit Behn, Meyer & Co.ein deutsches Handelshaus. 1858 wurde zu Bangkok ein „Freundschafts-, Handels- und Schifffahrtsvertrag zwischen dem Königreich Siam und den Freien Hansestädten“ unterzeichnet. Ein „Freundschafts-, Handels- und Schifffahrtsvertrag zwischen den Staaten des Deutschen Zoll- und Handelsvereins, den Großherzogthümern Mecklenburg-Schwerin und Mecklenburg-Strelitz, sowie den Freien Hansestädten Lübeck, Bremen und Hamburg und dem Kaiserreich China“ folgte 1861. Zur Einrichtung einer Dampferlinie nach Ostasien entschloß man sich in Hamburg 1871 (Kingsin-Linie), zwei Jahre nach Eröffnung des Suez-Kanals. 1886 richtete der Norddeutsche Lloyd die Reichspostdampferlinien nach China, Japan und Australien ein. Die Dampfer der ersten Generation wie „Oder“ (3.116 BRT, 13,5 Knoten, 565 Passagiere) und „Nürnberg“(3.116 BRT, 13 Knoten, 737 Passagiere) trugen noch zwei vollgetakelte Masten mit Segeln.

Im ersten Jahr des neuen Jahrhunderts hatte sich der große Hamburger Reeder Albert Ballin zu einer Inspektionsreise nach Ostasien eingeschifft. Schließlich verdiente auch seine Hapag am Fernost-Dienst. Ballin wertete seine Reiseerfahrungen in einem Bericht aus und schrieb nach der Rückkehr einen geharnischten Brief an seine Mitarbeiter: „Zu Nutz und Frommen der Ausrüstungsabteilung füge ich noch hinzu, daß die Äpfel außerordentlich minderwertig sind, ein Umstand, der noch mehr befremdet, als man es doch so bequem gehabt hätte, dem Schiff amerikanische Äpfel an Bord zu geben.“

„Die Frühstückskarten sind noch nach der alten Mode und nicht, wie vor etwa Jahresfrist beschlossen, täglich wechselnde. Ginger Ale, welches auf solchen Fahrten sicher begehrt ist, steht zwar auf der Karte, ist aber nicht an Bord. Die Stewards sind teilweise noch sehr jung und unerfahren, und vorläufig macht die ganze Bedienung einen sehr verwilderten Eindruck. Wir sollten der kürzlich besprochenen Idee, während des Winters eng-

Mittagstafel

Speisenfolge

Appetitbrötchen

Schildkrötensuppe

Seezungenfilet

Gänseleberträffeln

Ochsenlende in Blätterteig
Blumenkohl

Küken mit Salat und Kompott

Zitronen-Eis mit Gebäck

Käsestangen

Obst

Mokka

S. M. S. „Niobe“

Jahrgang 1877

# Nach 50 Jahren treuer Freundschaft: Ein Prinz lädt zu neun Gängen ein.

*Prinz Heinrich von Preußen, der Bruder des Deutschen Kaisers, trat 1872 in die Kaiserliche Marine ein und wurde im April 1877 im Range eines Unterleutnants z. S. an Bord des Schulschiffs S.M.S. „Niobe“ ausgebildet, dem damals ältesten Schiff der Marine. Auf dem 1853 von der Royal Navy für den Einsatz gegen Piraten erbauten und 1860 von der Kaiserlichen Marine angekauften Segelfregatte waren 40 Kadetten untergebracht, die Reisen in Ost- und Nordsee unternahmen. Prinz Heinrich blieb einen Sommer lang an Bord und besuchte im Rahmen seiner Ausbildungsreise auch Cowes, wo er sich seiner Großmutter, der Königin Victoria vorstellte. 1909 erhielt Prinz Heinrich die Ernennung zum Großadmiral. Er war mit Leib und Seele Seemann, musisch interessiert und ein Yachtsegler von hohen Graden. 1910 bestand er als erster Seeoffizier Deutschlands die Prüfung zum Flugzeugführer, ihm wurden der Dr. Ing. und Dr. phil. ehrenhalber verliehen, und sogar die Harvard Universität ehrte Heinrich mit einem Dr. jur. Als Kommandant der „Beowulf“ gründete er einen Mandolinenclub, den er selbst dirigierte. In der Marine war der Prinz als menschlicher und fürsorglicher Vorgesetzter geschätzt. Seine Kameraden von der „Niobe“, die „Crew 77“, vergaß er nie. 50 Jahre nach der Dienstzeit auf dem Schulschiff lud er sie zu einem Crewtreffen auf sein Schloß Hemmelmark bei Eckernförde ein. Die Menükarte zeigt auf der Vorderseite Schloß Hemmelmark, auf den Innenseiten findet sich ein historisches Foto mit Kadetten und Ausbildern des Jahrgangs 1877, daneben ist die Speisenfolge der Mittagstafel aufgeführt: neun Gänge, darunter Seezunge und Ochsenfilet, also wie es sich für einen Seeoffizier gehört, nicht übertrieben prunkvoll. Zwei Jahre nach dem Treffen, ist der Prinz 1929 gestorben.*

lische Unterrichtsstunden für Stewards einzuführen, ernsthaft nähertreten, denn auch auf dieser Reise sind mindestens ebenso viele Engländer an Bord wie deutsch sprechende Passagiere."

Nachdem Ballin die Verpflegung an Bord der neuen Reichspostdampfer auf dieser langen Tropenfahrt als einen Fehlgriff bezeichnet hatte – sie war ihm in der Zusammensetzung zu schwer – prangerte er die für die aufwendigen Passagierschiffe zu langen Liegezeiten in der großen Zahl von Häfen an: sie führten zu einer großen Belästigung des Passagier- und Postdienstes, wie er es selber auf dieser Fahrt erleben mußte.

Über den Dampfer „Tonkin" der Konkurrenz, auf dem Ballin zum Vergleich fuhr, äußerte er kritisch: „Die 'Tonkin' ist vor drei Jahren erbaut und gilt zusammen mit einem im vorigen Jahr fertiggestellten Schwesterschiff für das beste Fahrzeug der französischen Postlinie. Das Modell dieses Schiffes sowie die innere Einrichtung ist total veraltet. Das Schiff war schmutzig, unsauber in allen Teilen und sah infolgedessen trotz seines jugendlichen Alters sehr abgenutzt aus."

Aber: „Die Küche war recht gut, den Passagieren wird nicht eine solche Mastkur zugemutet wie auf den deutschen Postdampfern, und ich glaube, daß für so lange Reisen der normale Mensch dieser Verpflegungsform den Vorzug geben möchte. Die Bedienung war außerordentlich freundlich und aufmerksam."

Vor der eigentlichen Kolonisierung hatten hanseatische Kaufleute auch den Handel mit Afrika aufgenommen. Am 24. März 1849 war die Brigg des Hamburger Kaufmann Carl Woermann mit Kurs Westafrika ausgelaufen. 1854 errichtete sein schnell aufblühendes Handelshaus in Liberia, eine erste Niederlassung. Westafrika blieb seine Domäne.

1892 wurde Afrika dann nicht mehr privat sondern von staatswegen angesteuert. Zwei Jahre zuvor konnte Reichskanzler Bismarck das Subventionsgesetz für die Errichtung einer Schiffahrtslinie zur Verbindung mit den Kolonien in Ost-Afrika durchsetzen. Hamburger Kaufleute gründeten daraufhin die Deutsche Ost-Afrika-Linien. Ab 1907 war auch Ballins Hapag Partner im Afrika-Dienst.

Eingesetzt wurden zu Beginn die Reichspostdampfer „Reichstag" und „Bundesrath", mit Abfahrten von Hamburg alle acht Wochen. In rascher Folge entstanden Agenturen rund um Afrika.

Der „schwarze Kontinent" übte eine geradezu magische Anziehungskraft auf die Erwartungen der deutschen Kaufleute und die Phantasie der ersten Reisenden aus. Bald reiste man nach Afrika nicht nur in geschäftlichen Dingen, sondern auch um Land und Leute kennenzulernen. Die ersten Touristen waren unterwegs.

Doch was sie fanden, war nicht immer so schön, wie es die lachenden Schwarzen auf den Menukarten der nach afrikanischen Stämmen und Landschaften benannten Postdampfern der Deutschen Ost-Afrika-Linien, die „Watussi", „Warangi", „Wangoni", „Kionga" oder „Kigoma" suggerieren sollten. Und ob etwa Hammelkeule, Rindslende oder gebratener Fasan – man findet auch eine „Suppe mit Einlauf" auf der Menükarte – die geeigneten Gerichte für eine Abendtafel in den Tropen sind, läßt sich

*Kombüse der kaiserlichen Segelyacht „Meteor IV". Das Schiff war die erste in Deutschland erbaute Segelyacht des Kaisers, 1909 erstmals bei der Kieler Woche. Der Herd funktionierte allerdings nur im Hafen, wenn die Yacht nicht mehr schräg, sondern aufrecht lag.*

Fünf Yachten mit Namen „Meteor“ hatte Kaiser Wilhelm II. zwischen 1893 und 1914. An Bord dieser Schiffe glaubte der Monarch ganz Mensch sein zu können, fern aller politischen Ranküne. Meistens saß er, die Beine ausgestreckt, auf einem mit roten Samt bezogenen Bänkchen und beobachtete das Geschehen auf dem Wasser. Er spürte möglicherweise so etwas wie Geborgenheit. „In Kiel fühle ich mich immer zu Hause“. Als Skipper war er seinem Bruder Prinz Heinrich unterlegen. Kanzler von Bülow klagte: „Steuerte der Kaiser selbst, so stießen wir regelmäßig an die Boje. Dann war er sehr betrübt.“

… Die kaiserliche Flagge über der Hamburgs und der Hapag darunter die „Meteor III“ und die „Hohenzollern“ des Kaisers. Die Gegner Wilhelm II. bei der Kieler Woche waren Krupps „Germania“ und die „Hamburg“ des von Albert Ballin ins Leben gerufenen Hamburgischen Verein Seefahrt. Die Karte informiert über Musikprogramm und Speisenfolge.

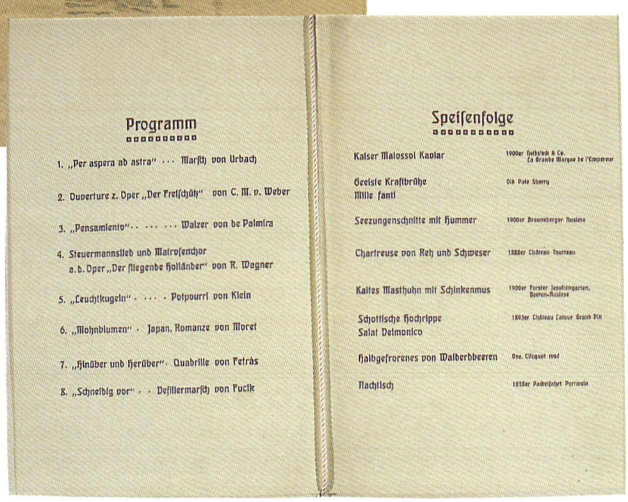

Programm

1. „Per aspera ad astra“ … Marsch von Urbach
2. Ouverture z. Oper „Der Freischütz“ von C. M. v. Weber
3. „Pensamiento“ … … Walzer von de Palmira
4. Steuermannslied und Matrosenchor a. d. Oper „Der fliegende Holländer“ von R. Wagner
5. „Leuchtkugeln“ … Potpourri von Klein
6. „Mohnblumen“ · Japan. Romanze von Moret
7. „Hinüber und herüber“ · Quadrille von Fetràs
8. „Schneidig vor“ · · Defiliermarsch von Fucik

Speisenfolge

| | |
|---|---|
| Kaiser Malossol Kaviar | 1900er Heidsieck & Co. La Grande Marque de l'Empereur |
| Geeiste Kraftbrühe<br>Mille fanti | Old Pale Sherry |
| Seezungenschnitte mit Hummer | 1900er Brauneberger Auslese |
| Chartreuse von Reh und Schweser | 1888er Château Tourteau |
| Kaltes Masthuhn mit Schinkenmus | 1900er Forster Jesuitengarten, Beeren-Auslese |
| Schottische Hochrippe<br>Salat Delmonico | 1893er Château Latour Grand Vin |
| Halbgefrorenes von Walderdbeeren | Vve. Clicquot rosé |
| Nachtisch | 1858er Packetfahrt Portwein |

nicht so ohne weiteres nachvollziehen. Albert Ballin hätte wohl seine Einwände gehabt, aber Kritik von ihm ist nicht überliefert.

Für einen Seemann war das afrikanische Abenteuer zunächst ein fürchterliches Erlebnis. Der polnisch-englische Kapitän Joseph Conrad reiste 1890 ins Innerste des schwarzen Kontinents, um auf dem Oberlauf des Kongo den klapprigen belgischen Flußdampfer „Roi des Belges“ zu übernehmen, sein erstes Kommando. Er begegnete dort den Auswüchsen des Kolonialismus, erkrankte lebensgefährlich und kehrte bereits nach kurzer Zeit wieder heim nach England.

Heute gerühmt als größter Schriftsteller der See, machte sich Conrad bald auf literarischem Gebiet einen Namen. In seinem bewegenden Roman „Herz der Finsternis“ sind die Kongo-Erlebnisse verarbeitet – nichts zu finden von Glanz und Gloria. Übrigens verstand es Conrad wie kein anderer die Grenzbereiche der menschlichen Seele auszuloten und zu beschreiben. So auch in der Novelle „Jugend“, in der die Besatzung eines auf hoher See mit einer Ladung Kohle in Brand geratenen Seglers die Löschversuche nach tagelangem Kampf gegen das Feuer aufgibt, während die Flammen wütend hinter ihren Köpfen aufzüngeln, so beschreibt er die schaurige Szene: „Wißt ihr, womit das Schiffsvolk beschäftigt war? Es saß auf dem Achterdeck um eine offene Kiste, aß Brot und Käse und trank Bier aus Flaschen.“ Sie wollten den wertvollen Proviant nicht den Flammen überlassen.

Die Routinefahrt zu den afrikanischen Kolonien bot regelmäßige Abfahrtszeiten und war dank ihrer speziell für diesen Dienst konstruierten Kombischiffe im allgemeinen angenehm. Doch mit dem Luxus an Bord der reinen Passagierliner auf der Atlantik-Route gab es keinen Vergleich. Erst 1936 kamen mit den 16.662-BRT-Turbinendampfern „Pretoria“ und „Windhuk“ zwei Schiffe mit Luxus-Ambiente ins Afrikageschäft.

Ein zeitgenössischer Prospekt lobt, wovon die ersten Afrika-Fahrer noch nicht einmal zu träumen wagten: „Der Speisesaal ist durch zwei Decks gebaut. Der warme Holzton der Wände, die brokatenen Fensterdekorationen und die zu dem grauen Fußbodenbelag fein abgestimmten Möbel geben ihm ein festliches Gepräge. Die Hauptwand schmückt ein

*Die Panzerschiffe sind untergegangen, ein paar Trinkgläser blieben übrig: Sektkübel und Sektglas, Römer-, Wasser-, Wein- und Sherryglas, zusammengetragen von verschiedenen Einheiten der Kaiserlichen Marine.*

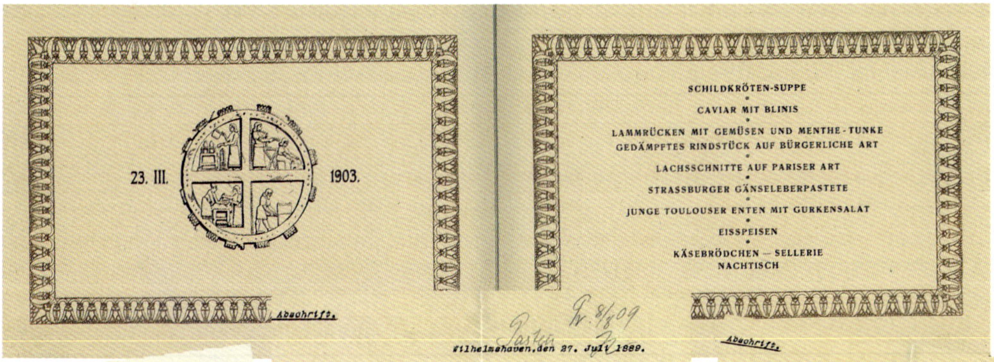
23. III. 1903.

SCHILDKRÖTEN-SUPPE

CAVIAR MIT BLINIS

LAMMRÜCKEN MIT GEMÜSEN UND MENTHE-TUNKE
GEDÄMPFTES RINDSTÜCK AUF BÜRGERLICHE ART

LACHSSCHNITTE AUF PARISER ART

STRASSBURGER GÄNSELEBERPASTETE

JUNGE TOULOUSER ENTEN MIT GURKENSALAT

EISSPEISEN

KÄSEBRÖDCHEN — SELLERIE
NACHTISCH

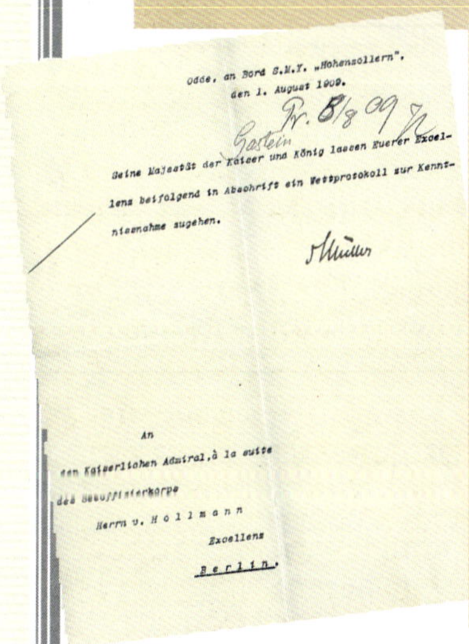
Odde, an Bord S.M.Y. „Hohenzollern",
den 1. August 1909.

Pr. 8/8 09

Gastein

Seine Majestät der Kaiser und König lassen Euerer Excellenz beifolgend in Abschrift ein Wettprotokoll zur Kenntnisnahme zugehen.

Müller

An
den Kaiserlichen Admiral, à la suite
des Seeoffizierkorps
Herrn v. H o l l m a n n
Excellenz
B e r l i n.

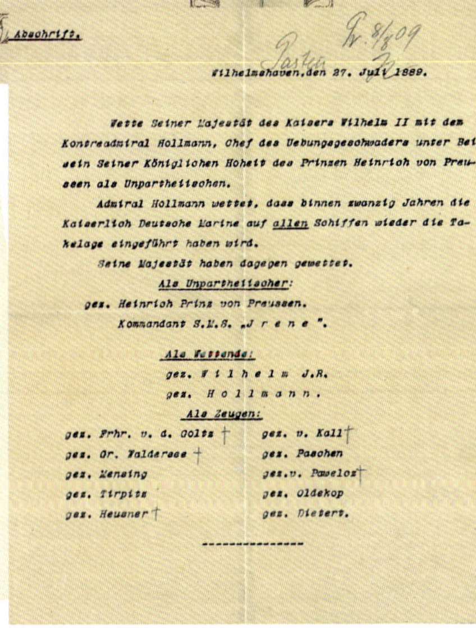
Abschrift.

Pr. 8/8 09

Wilhelmshaven, den 27. Juli 1889.

Wette Seiner Majestät des Kaisers Wilhelm II mit dem Kontreadmiral Hollmann, Chef des Uebungsgeschwaders unter Beisein Seiner Königlichen Hoheit des Prinzen Heinrich von Preussen als Unpartheiischen.

Admiral Hollmann wettet, dass binnen zwanzig Jahren die Kaiserlich Deutsche Marine auf allen Schiffen wieder die Takelage eingeführt haben wird.

Seine Majestät haben dagegen gewettet.

Als Unpartheiischer:
gez. Heinrich Prinz von Preussen.
Kommandant S.M.S. „J r e n e".

Als Wettende:
gez. W i l h e l m J.R.
gez. H o l l m a n n.

Als Zeugen:

| | |
|---|---|
| gez. Frhr. v. d. Goltz † | gez. v. Kall † |
| gez. Gr. Waldersee † | gez. Paschen |
| gez. Mensing | gez. v. Pawelsz † |
| gez. Tirpitz | gez. Oldekop |
| gez. Heusner † | gez. Dietert. |

---------------

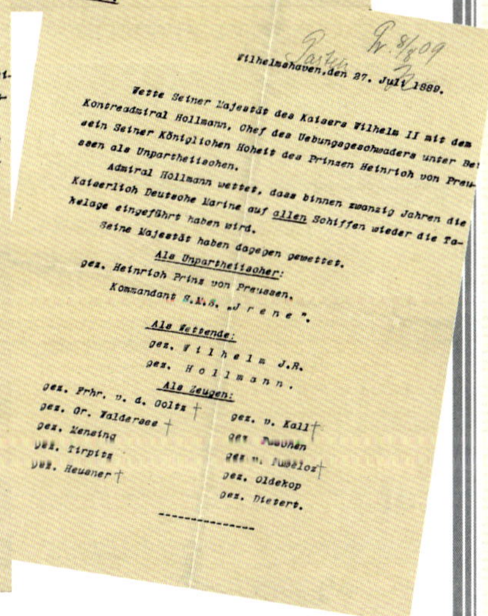
Abschrift.

Pr. 8/8 09

Wilhelmshaven, den 27. Juli 1889.

Wette Seiner Majestät des Kaisers Wilhelm II mit dem Kontreadmiral Hollmann, Chef des Uebungsgeschwaders unter Beisein Seiner Königlichen Hoheit des Prinzen Heinrich von Preussen als Unpartheiischen.

Admiral Hollmann wettet, dass binnen zwanzig Jahren die Kaiserlich Deutsche Marine auf allen Schiffen wieder die Takelage eingeführt haben wird.

Seine Majestät haben dagegen gewettet.

Als Unpartheiischer:
gez. Heinrich Prinz von Preussen.
Kommandant S.M.S. „J r e n e".

Als Wettende:
gez. W i l h e l m J.R.
gez. H o l l m a n n.

Als Zeugen:
gez. Frhr. v. d. Goltz † gez. v. Kall †
gez. Gr. Waldersee † gez. Paschen
gez. Mensing gez. v. Pawelsz †
gez. Tirpitz gez. Oldekop
gez. Heusner † gez. Dietert.

# *Der Kaiser hatte Weitblick. Wetten daß?*

*Der Flotte gehörte die allerhöchste Aufmerksamkeit des Monarchen, denn von Schiffen verstand Kaiser Wilhelm II. eine Menge. Wetten daß? Am 1. August 1909 traf im Hause des Kaiserlichen Admirals, á la suite, von Hollmann in Bad Reichenhall eine kaiserliche Depesche von Bord der „Hohenzollern" ein. Darin wies der Monarch seinen Admiral auf die Begleichung einer 20 Jahre zurückliegenden Wette hin. Zur Erinnerung folgte ein paar Tage später das dazugehörige Wettprotokoll, abgefasst am 27. Juli 1889 in Wilhelmshaven. Dort heißt es: „Wette Seiner Majestät des Kaisers Wilhelm II. mit dem Konteradmiral Hollmann, Chef des Übungsgeschwaders unter Beisein seiner Königlichen Hoheit des Prinzen Heinrich von Preußen als Unparteiischen. Admiral Hollmann wettet, dass binnen 20 Jahren die kaiserliche deutsche Marine auf allen Schiffen wieder die Takelage eingeführt haben wird. Seine Majestät haben dagegen gewettet." Zehn Zeugen werden aufgeführt u. a. Frhr. v. d. Goltz, Graf Waldersee und Admiral Tirpitz. Die Hälfte der Zeugen war inzwischen verstorben, im Wettprotokoll vom Kaiser persönlich mit Bleistift angekreuzt. Heute wissen wir: der Dampfantrieb machte Segel bald ganz überflüssig, die Masten wurden nicht mehr benötigt und ihre komplizierte Takelage auch nicht. Konteradmiral v. Hollmann war ein fairer Verlierer. Er beglich seine Wettschuld mit einem großen Essen, Kaviar, Lamm und Rind, Lachs, wie man in der Menükarte nachlesen kann.*

großes Gemälde der Patenstadt." Auch für den Speisesaal der Touristenklasse finden sich freundliche Worte: „In diesem schönen, hellen Raum speisen die Fahrgäste, ähnlich wie in der 1. Klasse, an größeren und kleineren Tischen. Der Gesamteindruck wird bestimmt durch die hellen Schleiflackwände, die hellroten Gardinen und die roten Epinglébezüge der Sitzmöbel. Die breit angelegte Anrichte-Nische hat eine Vertäfelung aus poliertem Flockenmahagoni."

Bei ausreichenden 18 Knoten Geschwindigkeit, wesentlich schneller sind die Schiffe in der Afrikafahrt bis heute nicht, benötigten „Pretoria" und „Windhuk" 15 Tage für die Strecke Southampton – Las Palmas –Walfischbai – Kapstadt, mit 150 Fahrgästen in der Ersten und 350 in der Touristenklasse.

So fein war es allerdings auf dem seit 1892 eingesetzten Reichspostdampfers „Bundesrath" (2.192 BRT, 11 Knoten, 30 Passagiere in der Ersten und 16 in der Zweiten Klasse) noch nicht zugegangen. Die Speisekarte zumindest ist eher bescheiden. Für den 23. November 1899 jedenfalls steht noch gute Hausmannskost auf dem Programm: „Bouillon auf Reis, Bratfisch mit Butter, Roastbeef mit Blumenkohl und Wiener Torte."
Die bunten Umschläge der Speisekarten spiegelten den damaligen Zeitgeist wieder, Allegorien mit Wappentieren und Flaggendrapierung, Musen, lustiges Matrosenleben, verniedlichende Folklore, dazwischen der stolze, die Fluten durchpflügende Dampfer.

Immerhin aber erfüllten die Menükarten einen wichtigen Zweck: Sie vermittelten den Gästen ein Bild von der nationalstolzen und der amüsanten Seite einer Schiffsreise, und sie stimmten den Passagier ein auf das, was damals wie heute im Mittelpunkt des Wohlbefindens steht: das Menü.

Der kulinarische Luxus in der Ersten Klasse entsprach bald dem Niveau erstklassiger Restaurants an Land. Frühstück, Mittagessen und Diner oder Dinner waren allesamt opulent: Schließlich, wer sich eine Schiffsreise Erster Klasse leisten konnte, hatte auch ein Anrecht auf appetitliche Zeiten. Dabei wurden gewisse Standards eingehalten. Der Konsum von Kaviar und Champagner, in Mengen an Bord, bot Gaumenfreuden und unterstrich den gesellschaftlichen Status.

Welchen Sprung beispielsweise die Küche der Deutschen Ost-Afrika-Linien machte, zeigt sich im Vergleich zwischen dem alten Reichspostdampfer mit seinem Bratfisch- und Kartoffelangebot zur Jahrhundertwende und dem Passagierliner „Windhuk" derselben Reederei, 40 Jahre später. Auf der „Windhuk" wurden beispielsweise am 25. April 1938 gereicht:

Beluga-Malossol-Kaviar im Eisblock, Salanaganebrühe, Seezungenschnitte auf Artischockenböden, Kalbssattelstück, Stangenspargel mit zweierlei Schinken, getrüffeltes Brüsseler Masthuhn, eingemachte Aprikosen, halbgefrorenes Turandot und Käse, bevor sich der geprüfte Verdauungsmechanismus bei einem Mokka Hag von den kulinarischen Anstrengungen erholen konnte. Beluga-Malossol wurde zumindest bei jedem Abschiedsessen gereicht.

Auf der Menukarte des Woermann-Dampfers „Wahehe" in den zwanziger Jahren konnte man „Braunschweiger Stangenspargel" wählen – und zwar am 4. Oktober, also

*Bemalter Bierkrug, Glas und Zinn. Abschiedsgeschenk für ein Besatzungsmitglied der Kaiseryacht „Hohenzollern".*

S. M. Y. „Hohenzollern", den 29. Juni 1904.

Kaiserliche Mittagstafel.

Kalte Bouillon in Tassen
Lachsforellen
Kalbsrücken, garnirt
Trüffelpasteten in Gallert
Kleiner Schinkenauflauf
Junge Enten in Madeira, Salat
Frische grüne Bohnen
Pfirsiche nach Cardinal
Chestercakes
Nachtisch.

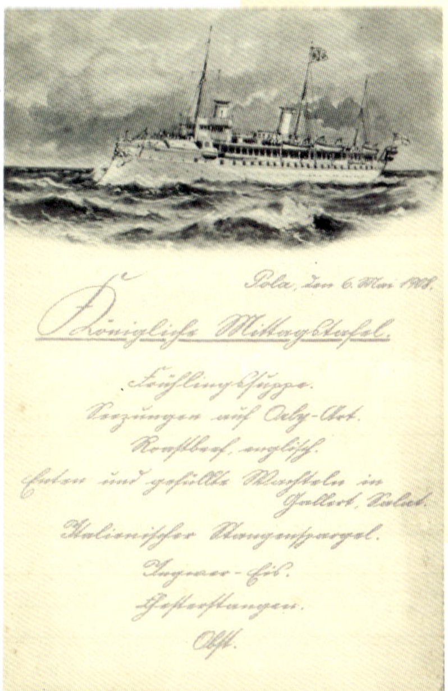

Pola, den 6. Mai 1908.
Königliche Mittagstafel.
Frühlingssuppe.
Seezungen auf Orly-Art.
Roastbeef, englisch.
Kalte und gefüllte Wachteln in Gallert, Salat.
Italienischer Stangenspargel.
Ananas-Eis.
Käsestangen.
Obst.

*Regierende Häupter residierten nicht nur in Schlößern, ihnen stand auch eine Staatsyacht zu Verfügung. Der Zar hatte seine „Standart", das dänische Königshaus die „Danebrog", die Windsors erst „Victoria & Albert", dann „Britannia", Kaiser Wilhelm II. die „Hohenzollern". Der Reichstag bewilligte 1895 für den Bau des Schiffes vier Millionen Mark. Der 121 Meter lange Aviso war für den Kriegsfall mit drei 10, 5 cm Geschützen bewaffnet. Alljährlich nach der Kieler Woche unternahm der Kaiser, betreut von 270 Mann Besatzung und begleitet von seinen Admirälen, ausgedehnte Nordlandfahrten. Hier die Menükarten von zwei Mittagstafeln, aus protokollarischen Gründen einmal „königlich" und einmal „kaiserlich".*

weit außerhalb der eigentlichen Spargelsaison. Den Abschluß bildete eine „illuminierte Diplomateneisbombe mit Überraschungen im Zuckerkörbchen". Dazu spielte die Bordkapelle Tafelmusik, etwa Schuberts „Dreimäderlhaus" oder ein den Umständen eher angemessenes „La Paloma".

An der Essensfolge an Bord von Passagierschiffen änderte sich lange Zeit nichts. Ständige Selbstbedienung am Buffet hat erst auf den Fähren und Kreuzfahrtschiffen der unteren Kategorie unserer Tage Platz gegriffen.

Die Kombüse wandelte sich derweil zu einer technisierten Großküche, in der Anordnung der Herde, Backöfen, Spülen, Schränke rationeller und raffinierter waren als in den Hotels. Aus den Smutjes waren Küchenmeister mit blütenweißer Schürze geworden. Sie alle eiferten jenem George Auguste Escoffier nach, dem berühmten Franzosen, dem, als er 1935 mit 89 Jahren in Monte Carlo starb, nachgerufen wurde, er sei der größte aller Meisterköche in der ganzen Kochgeschichte gewesen.

Bis zum Ausbruch des Ersten Weltkrieges hatte die Schiffahrt ihre bunteste Zeit: Reedereiflaggen und unterschiedliche Schornsteinfarben, so viele Dampferlinien zu so vielen Häfen auf allen Kontinenten, auch so scharfe Konkurrenzkämpfe, am schärfsten auf den Routen nach Nordamerika, so viele technische Neuerungen, so viele triumphale Ereignisse.

Die Reklamebilder von Schnelldampfern hingen sogar in den Gaststuben des hintersten Böhmerwaldes. Seefahrt war selbst im tiefsten Binnenland populär geworden. Wer sich Auswanderungsgedanken machte, brauchte die Passage im Zwischendeck nicht mehr zu fürchten. Dort war es nun blanksauber und das Essen besser als daheim in den armen Dörfern. Im anbrechenden 20. Jahrhundert machte aber nicht nur die Linienschiffahrt mit ihren Atlantik-Rennern Schlagzeilen. Es war zugleich die Zeit der letzten großen Entdeckungen.

1880 erzwang Adolf Erik Nordenskjöld mit seinem dampfbetriebenen Segler „Vega" den nördlichen Seeweg um Rußland herum. Obwohl er bei Temperaturen von zeitweise unter minus 40 Grad Celsius 294 Tage im Eis überwintern mußte, kam kein Mitglied seiner Mannschaft zu schaden. Er hatte die „Vega" ausreichend verproviantiert. Zu Weihnachten 1878 wurden Pfefferkuchen gebacken, Schneehasen geschlachtet und Punsch gebraut. Den Schweden fehlte weder das gewohnte Weihnachtsbier noch der Julschinken, nicht die herzhaften „pepparnötter" (Pfeffernüsse), nicht der dampfende Glühwein. Roald Amundsen und Robert Scott erreichten 1904 den Südpol. Das Scheitern der Scott-Expedition war im Wesentlichen ein Scheitern der Logistik und eine Folge mangelhafter Ernährung.

Es war dieselbe Zeit, in der sich unter dem Protektorat des deutschen Kaisers der Segelsport entwickelt, der heute Volkssport ist. Die Kieler Woche, von Hamburger Kaufleuten 1882 ins Leben gerufen, fand ihr Vorbild in der britischen Cowes Week. Beide Veranstaltungen waren nicht nur sportliche Ereignisse sondern auch gesellschaftliche Höhepunkte. Wer in politischen Memoiren aus der wilhelminischen Ära blättert, stößt immer wieder auf Sätze wie: „Bei einem Diner in der Kieler Woche erfuhr ich zu meinem Erstaunen…" Sie war die wichtigste Prestige-Veranstaltung im Deutschen Reich. „Unsere Zukunft liegt auf dem Wasser", hatte des-

*Weniger Kraft als Geschicklichkeit: Ringwerfen auf dem Promenadendeck*

NORDDEUTSCHER LLOYD
BREMEN.

Reichspostdampfer „Bayern", den 12. November 1900.

Lunch

| Makkaroni-Suppe. Fleischbrühe. | Macaroni-soup. Beefbroth. |
|---|---|
| Gefüllte Kalbsbrust. | Stuffed breast of veal. |
| Italienische Kartoffeln. | Potatoes à l'italienne. |
| Hasenpfeffer mit Kartoffelklössen. | Jugged hare. Potato-balls. |
| Lammrippchen nach der Soubise. | Lamb-chops à la Soubise. |
| Aprikosen-Kompott. | Stewed apricots. |
| Königsschnitte. | King's pie. |
| **Auf Bestellung:** | **To order:** |
| Kalt: | Cold: |
| Tafelsellerie. Radieschen. | Table celery. Radishes. |
| Heringe in Weinsauce. Sardinen. | Herrings in wine sauce. Sardines. |
| Aal in Gallert. | Eel in jelly. |
| Mettwurst. Ochsenzunge. | Sablath sausage. Beef tongue. |
| Kalbsbraten. Ente. | Roast veal. Duck. |
| Frische Sülze. Leberwurst. | Fresh brawn. Liver sausage. |
| Geräucherter westfälischer Schinken. | Smoked Westphalian ham. |
| Gemüse-Salat. Kartoffel-Salat. | Julienne salad. Potato salad. |
| Spanischer Salat. | Spanish salad. |
| Oliven. Mixed pickles. | Olives. Mixed pickles. |
| Edamer-, Kronenkäse. | Dutch-, Crown-cheese. |
| Kaffee. Thee. | Coffee. Tea. |

39

Linie nach OSTASIEN,
Reichspostdampfer.

*Der Reichspostdampfer „Bayern" des Norddeutschen Lloyd war im Ostasien-Dienst eingesetzt. An Bord ging es zwar nicht ganz so elegant zu wie auf den Luxuslinern, schließlich beförderten die Kombischiffe auch Ladung, aber für einen kleinen Flirt war umso mehr Gelegenheit.*

sen Oberhaupt postuliert, und Garant der kommenden „herrlichen Zeiten“ seien die gepanzerten Schiffe, die in Doppelreihe an den Bojen auf der Förde festgemacht hatten, von einem Franzosen einmal mit Esprit als „Avenue de la Paix“, die Friedensallee, bespöttelt.

Während im sommerlichen Cowes die Cousinen und Vettern des Kaisers und der Rest der High Society nach dem Regattatag am liebsten Bootsladungen von Erdbeeren mit Schlagsahne genossen, lebte man auf den deutschen Yachten eher marinemäßig schlicht.

Die Küche der Marine war einfach, wenn auch nicht so eintönig, wie sie ein Zitat aus der Kiste der Erinnerungen des Grafen Luckner glauben machen will. Der „Seeteufel“ Graf Luckner war als Junge zur See ausgebüxt, auf Windjammern gefahren und im 1. Weltkrieg als Kommandant des Segel-Hilfskreuzers „Seeadler“ berühmt geworden (und auch deshalb, weil er das Kraftkunststück fertigbrachte, ganze Telefonbücher durchzureißen):

„Montags Erbsen, dienstags Bohnen, mittwochs zur Abwechslung gelbe Erbsen, donnerstags Kabelgarn, freitags braune Bohnen, sonnabends Graupen und Sonntags „Plum un Klüten“. Ist das nicht die herrlichste Speisekarte für die Woche? Vor allem, wenn sie sich während der ganzen Reise wiederholt?“ Seiner Exzellenz dem Vize-Admiral Alfred Begas, Vorsitzender des Kaiserlichen Yacht Clubs war ganz im Gegenteil eine gewisse Schwäche für etwas besseres, nämlich Hummer, möglichst drei am Tag, zu eigen. Er nannte die Krustentiere

*Der Prunk im Erster-Klasse-Speisesaal des Vierschornsteine-Schnelldampfers „Kaiser Wilhelm der Große“ vom Norddeutschen Lloyd entsprach dem Geschmack der Jahrhundertwende: der Architekt feierte die Wiederentdeckung des Barock. 560 Passagiere nahmen an den festverschraubten, aber drehbaren Stühlen Platz. Die großzügigen Ränge und Colonnaden erinnerten an ein Opernhaus und durchbrachen drei Decks des Schiffes.*

seine „roten Vögel“. Abenteuer und Sport mit schlichter Ernährung verband dagegen der Herzog von Sachsen-Altenburg, damals immerhin ein regierender Fürst. Er segelte 1911 mit Bootsmann, Hofmarschall und Kammerherr an Bord der kleinen Yacht „Senta“ bis nach Spitzbergen. Bei bewegter See übernahm seine Hoheit persönlich das Ruder, „während der Kammerherr Kaiser ihn löffelweise mit Linsensuppe und Frankfurter Würstchen fütterte“, so Bootsmann Demelius.

Der größte Segler seiner Zeit dürfte freilich der Amerikaner Joshua Slocum gewesen sein. Mit seinem 11 Meter langen Zweimaster „Spray“ umsegelte er 1893 bis 1895 als erster Mensch vollkommen allein („einhand“) die Welt, bevor er ein paar Jahre später auf Nimmerwiedersehen verschwand. „Meine Nahrung auf diesen langen Reisen bestand“, so schreibt er, „gewöhnlich aus Kartoffeln, gesalzenem Stockfisch und Schiffszwieback, den ich mir zwei- bis dreimal in der Woche zubereitete. Ich hatte immer genug Kaffee, Tee, Zucker und Mehl. Irgend etwas fand ich immer, um die Speisekarte anzureichern. Was mir an frischem Fleisch fehlte, wurde durch frischen Fisch wettgemacht, wenigstens im Passat, wo fliegende Fische nachts gegen das Segel schlugen und auf Deck fielen, manchmal auch gleich im Dutzend. Außer bei Vollmond, bekam ich jeden Morgen reichlich Nachschub, den ich nur aus den Speigatten in Lee aufzulesen brauchte.“ Das stets an Bord mitgeführte Fäßchen Dorschöl war nicht zum Verzehr, sondern für stürmische Zeiten gedacht. Über Bord geschüttet, beruhigte das Öl den Seegang.

Doch zurück an Bord der großen Schiffe: Auf den oberen Decks der Dampfer war aus der Überfahrt, die Jahrhunderte lang ein notwendiges Übel war, eine Reise geworden, die

*Dampfer der Hamburg-Süd beim Auslaufen in Hamburg und Zwischenstopp auf der Kanaren-Insel Teneriffa.*

auch erholsam sein sollte. Wer konnte, reiste lieber zur Sommer- als zur Winterzeit. 1889 stellte die Hapag den ersten deutschen Dampfer, in Dienst, der von zwei Schrauben angetrieben wurde: „Augusta Victoria". Getauft war das Schiff auf den Namen der allerhöchsten Dame im Staate, der Kaiserin; doch die schrieb sich nicht „Augusta", sondern brav deutsch „Auguste". Im Schiffsnamen am Rumpf konnte das korrigiert werden; auf Messingschildern blieb das „a" erhalten.

Als absolut ungeziemend wurde übrigens eine doch so korrekt überschriebene Zeitungsmeldung von einem „Leck am Achtersteven der 'Augusta Victoria'" verabscheut.

Schiffahrtshistorisch wichtig ist: Um das im Winter gerade in der Luxusklasse, 400 Passagiere, unterbesetzte Schiff mit Gewinn zu nutzen, wurde es am 22. Januar 1891 auf eine zweimonatige Mittelmehrfahrt entsandt. Die Mittelmeerreise der „Auguste Victoria", mit 241 Gästen, davon nur 67 Frauen, weil Bildungsreisen für Frauen noch als eigentlich nicht schicklich galten, war die erste Kreuzfahrt der Schiffahrtsgeschichte. Die Idee dazu hatte Albert Ballin. Er baute die Hapag bis 1914 zur größten Reederei der Welt auf.

Das prächtigste Festessen in der Geschichte der Seefahrt gab es an Land: 1895 zur Einweihung des Nord-Ostsee-Kanals durch Kaiser Wilhelm II. Getafelt wurde in einer eigens dazu errichteten Halle, die aussah wie ein überdimensionierter Dreimaster aus Nelsons Zeiten, 140 Meter lang. Die drei Masten, Großmasthöhe 69 Meter, standen vorher auf einem außer Dienst gestellten Schulschiff der Marine. 1.040 Personen nahmen am Galadinner teil. In preußischer Abrechnungskorrektheit ist auch die Zahl der Rosen auf der Tafel registriert worden: 116.640.

*Auf dem Weg nach Süden liefen die Süd-Dampfer auch Madeira an, bevor sie schließlich Rio de Janeiro erreichten.*

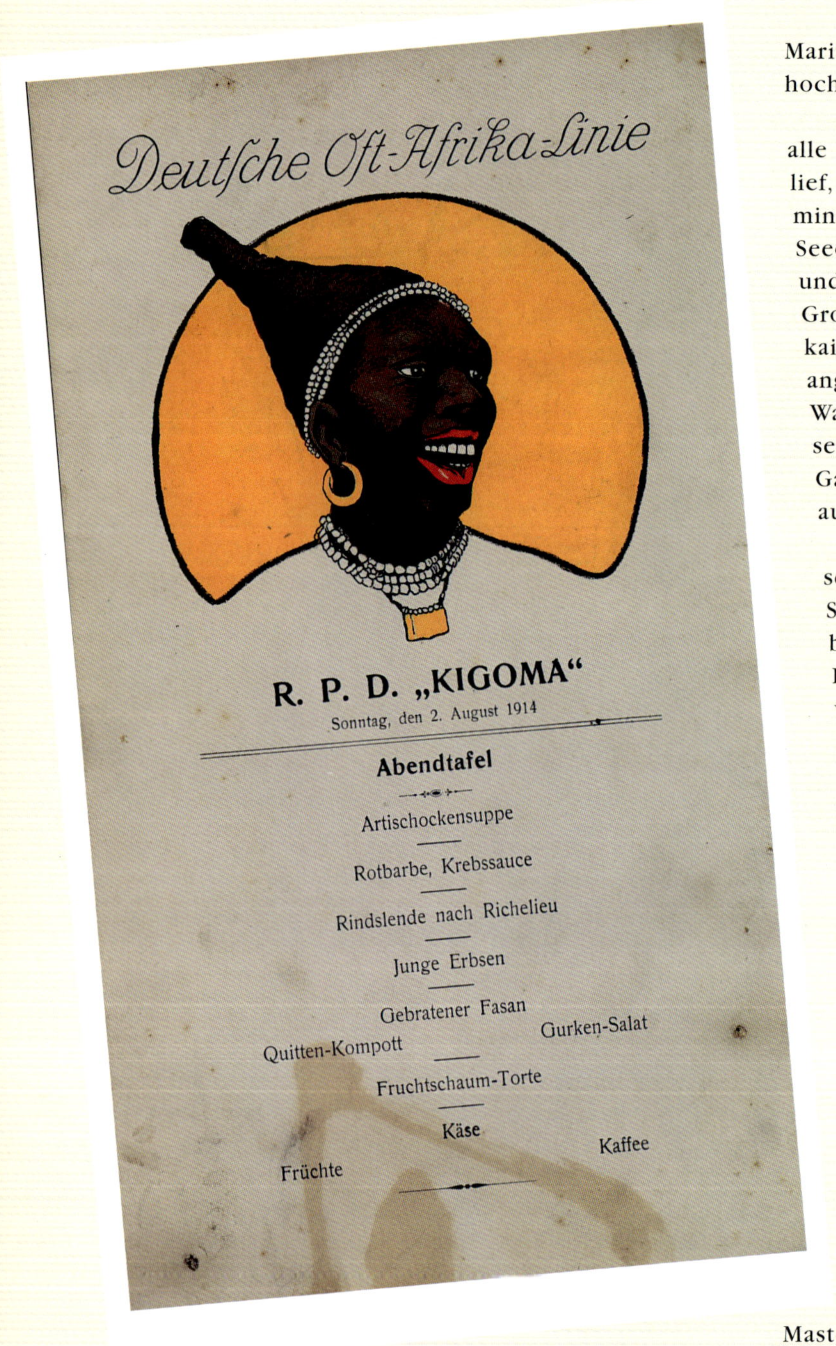

Deutſche Oſt-Afrika-Linie

R. P. D. „KIGOMA"
Sonntag, den 2. August 1914

**Abendtafel**

Artischockensuppe

Rotbarbe, Krebssauce

Rindslende nach Richelieu

Junge Erbsen

Gebratener Fasan

Quitten-Kompott Gurken-Salat

Fruchtschaum-Torte

Käse

Früchte Kaffee

*Ein großer Teil der Schiffe der Deutschen-Ost-Afrika-Linien trug die Namen afrikanischer Völkerstämme, wie hier auf der Abendkarte des Postdampfers „Kigoma" zu sehen ist. Das Portrait des Schwarzen signalisiert Exotik. Der gelbe Hintergrund entspricht den Reedereifarben. Sie sind am Schornstein durch ein Band in den preußischen Farben Schwarz-Weiß-Rot ergänzt, übrigens bis heute.*

Wilhelm II. war bekanntlich von allem Maritimen, der Flotte wie dem Segelsport, hochbegeistert.

Als die zweite seiner Segelyachten, die alle „Meteor" hießen, in Amerika von Stapel lief, war sein Bruder Prinz Heinrich als prominentester Gast dabei. Prinz Heinrich, Seeoffizier von Beruf, der zum Flottenchef und als Inspekteur der Marine zum Großadmiral anvancierte, war auf der kaiserlichen Dampfyacht „Hohenzollern" angereist. In New York wurde für ihn im Waldorf-Astoria, dem seinerzeit luxuriösesten und größten Hotel der Welt, ein Galadinner ausgerichtet, die Speisekarte auf Seide gedruckt.

Große Rennyachten hatten deutsche Konstrukteure anfangs ebenso wie Schnelldampfer nicht auf ihrem Reißbrett. Die erste, die als „deutsch vom Kiel bis zum Flaggenknopf" gepriesen wurde, war 1908 die „Germania" des Dr. Krupp von Bohlen und Halbach, konstruiert von Max Oertz, erbaut auf der Kruppschen Germaniawerft in Kiel. Nachdem der Kaiser die ersten drei seiner „Meteore" in England und den USA erworben hatte, ließ er sich von Max Oertz einen der „Germania" ganz ähnlichen Zweimastschoner bauen. Als diese vierte „Meteor" zur Cowes Regattawoche in England aufkreuzte segelte sie die britische Konkurrenz in Grund und Boden, so wie ein paar Jahre zuvor die großen Dampfer des Norddeutschen Lloyd die englischen Liner auf dem Nordatlantik geschlagen hatten.

Die riesigen Schoner mit ihren beiden über 40 Meter hohen Masten, Attraktionen der Kieler Woche in einer Ära voll Glanz und Gloria, waren Renn- und Luxusyachten zugleich. Im Eßsalon gab es Platz für 20 und mehr Gäste . Die „Germania" zum Beispiel hatte sechs Mann Küchen- und Servierpersonal. Den Profi-Skippern solcher Yachten, die anfangs meist aus England stammten, winkten hohe

Siegprämien. Sie mögen die „Badegäste" an Bord manchmal nur mit Grimm ertragen haben. Auf den Gedanken jedoch, daß jedes Kilo überflüssigen Gewichts an Bord sieghemmend sein kann, kam man erst Jahrzehnte später. Doch da waren die mächtigen Yachten längst verschwunden.

Nur noch ein paar vergilbte Fotos sind übriggeblieben, und die Erinnerung an eine pompöse Zeit.

Auf dem Nordatlantik tobte inzwischen der Kampf der Schnelldampfer. Um starke Worte bemühte englische Reporter hatten den Ausdruck dem Pferdesport entlehnt: das „blaue Band". Es wurde jeweils dem Schiff zugesprochen, das den in Reportersprache zum „großen Teich" geschrumpften Nordatlantik am schnellsten überquerte. Das gelang vorerst nur Dampfern der englischen Cunard-Line. Die deutschen waren nur wenig langsamer. Doch das Blaue Band zu haben oder nicht, wurde zur Kernfrage im Prestigekampf der Reedereien und Nationen.

Die Trophäe war imaginär; daß man bei Ankunft nach einer Rekordreise ein wirkliches, nahezu halbschiffslanges blaues Band vom Masttop wehen ließ, wurde erst später Sitte.

Das Blaue Band für Deutschland gewann 1900 zum ersten Male die „Deutschland" der Hapag. Mit 22,42 Knoten durchlief sie die Distanz von Eddystone-Leuchtturm am Ausgang des Ärmelkanals zum Sandy Hook-Feuerschiff vor New York in fünf Tagen, 15 Stunden und 46 Minuten. Für die Kohle schippenden Heizer und die Kohlentrimmer war das ebenfalls eine Rekordleistung. Ein Vergnügen war es auch für die Passagiere nicht. Die „Deutschland" vibrierte derart, daß sie als „cocktail shaker" in Verruf geriet. Unter den heftigen Schwingungen drohte bei hoher Fahrstufe das Heck durchzubrechen. Die Schiffbauexperten blieben

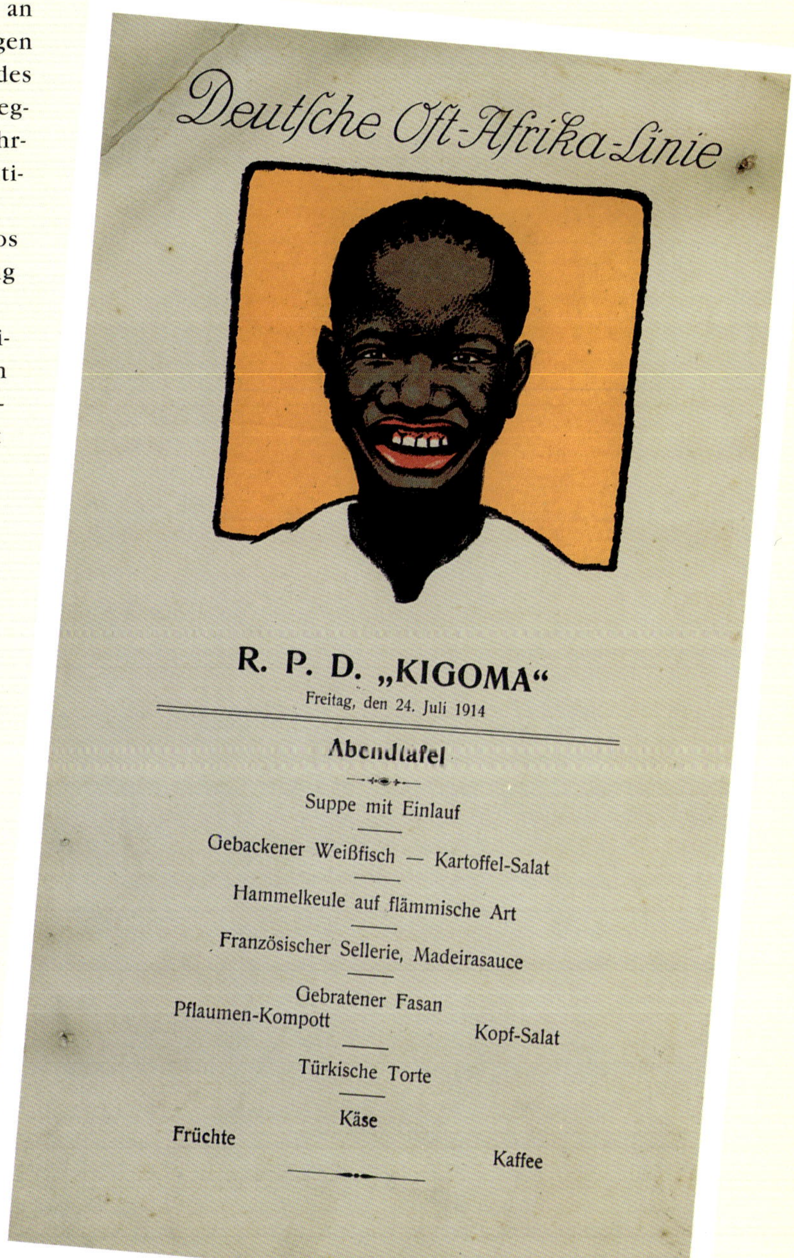
Deutsche Ost-Afrika-Linie

R. P. D. „KIGOMA"

Freitag, den 24. Juli 1914

Abendtafel

Suppe mit Einlauf

Gebackener Weißfisch — Kartoffel-Salat

Hammelkeule auf flämmische Art

Französischer Sellerie, Madeirasauce

Gebratener Fasan

Pflaumen-Kompott

Kopf-Salat

Türkische Torte

Käse

Früchte

Kaffee

*Ob Hammelkeule und gebratener Fasan an Bord des Reichspostdampfers „Kigoma" das richtige Essen bei tropischen Temperaturen sind? Hapag-Chef Albert Ballin, der zeitweilig auch bei den Deutschen Ost-Afrika-Linien ein Mitspracherecht hatte, beschwerte sich nach einer Reise in die Tropen bitterlich über die zu schwere Kost. Er fuhr allerdings auf einem seiner eigenen Dampfer.*

*Mit dem Stapellauf des Hapag-Schnelldampfers „Imperator“, am 23. Mai 1912, nur fünf Wochen nach dem Untergang der „Titanic“, erreichte die Passagierschiffahrt einen Höhepunkt. Mehr als 4.000 Passagiere konnte der 52.000-Tonner unterbringen, 908 davon in der Ersten Klasse. Neun große Speiseräume standen für die Fahrgäste zur Verfügung. Der imposanteste war der für 700 Personen eingerichtete Hauptspeisesaal für die Erste Klasse, der sich über die ganze Schiffsbreite erstreckte, und mit einem künstlich erhellten Oberlichtdom eine größte Höhe von achteinhalb Metern erreichte.*
*Auf diesem Bild ist das Ritz-Carlton Restaurant zu sehen, ein „kleines privates Zimmer und ein Grillroom für die Passagiere der Ersten Klasse“. Im Ritz-Carlton wurde eine unabhängige Restaurantverpflegung gegeben, die zusätzlich zur Erster-Klasse-Passage zu bezahlen war. Hapag-Chef Albert Ballin setzte den Begriff für diesen exklusivsten Raum auf dem ganzen Nordatlantik zusammen aus dem Namen des weltberühmten Hoteliers Caeser Ritz und dem Carlton, Englands vornehmsten Herrenclub.*

ratlos. Die Schwingungsforschung steckte noch in ihren Kinderschuhen.

Die Hapag, wie auch die White Star-Line, entschlossen sich, aus dem Rennen auszuscheiden. Ohnehin waren die Ausgaben für einen immensen Brennstoffmehrverbrauch, nur um einige Stunden und Minuten herauszuschinden, der kostspieligste Luxus der Luxusdampfer. Albert Ballin legte eher Wert auf noch größere Schiffe mit noch luxuriöserer Einrichtung.

Bei einem anderen großen Deutschen, den Schriftsteller Thomas Mann, hätte er dafür vollstes Verständnis gefunden. 14mal im Leben hatte der Lübecker Patriziersohn auf Passagierschiffen den Atlantik überquert, standesgemäß in der Ersten Klasse. Auf seiner ersten Reise, 1934 an Bord der alten holländischen „Volendam", las er Cervantes „Don Quijote" und schrieb: „Wir haben neun bis zehn Tage vor uns, ehe wir bei den Gegenfüßlern aussteigen; es wird wieder Sonntag werden, und Sonntag wie morgen, dazu noch Montag und Dienstag, bis dieses gesittete Abenteuer zu Ende geht. Schneller tut der behäbige Holländer es nicht. Warum sollte er auch? Das Zeitmaß, mit dem seine sympathische Mittelgröße es hält, ist ohne Frage natürlicher und gesünder als die schütternde Rekordsucht jener Kolosse, die in sechs oder gar vier Tagen die ungeheuren Weiten durchrasen, die vor uns liegen. Langsam, langsam. Richard Wagner meinte, das eigentliche deutsche Tempo sei das Andante."

Der Norddeutsche Lloyd gab nicht auf. Ihm war gelungen, was man heute als einen „PR-Coup" bezeichnen könnte - Public relations der allerfeinsten Art. Die Bremer hatten das Einverständnis des Kaisers, ihren Schnelldampfern Namen und Titel aus dem Herrscherhause Hohenzollern zu geben: „Kaiser Wilhelm der Große", womit Wilhelm I., Sieger im Kriege 1870/71 über Frankreich, gemeint war, „Kaiser Friedrich", „Kronprinz Wilhelm", „Kaiser Wilhelm II.", „Kronprinzessin Cecilie".

*Die Qualität der Verpflegung in der Kaiserlichen Marine war weit entfernt vom Luxus an Bord der Transatlantik-Liner. Gelegentlich prüften Unteroffiziere das Essen bevor es serviert werden durfte.*

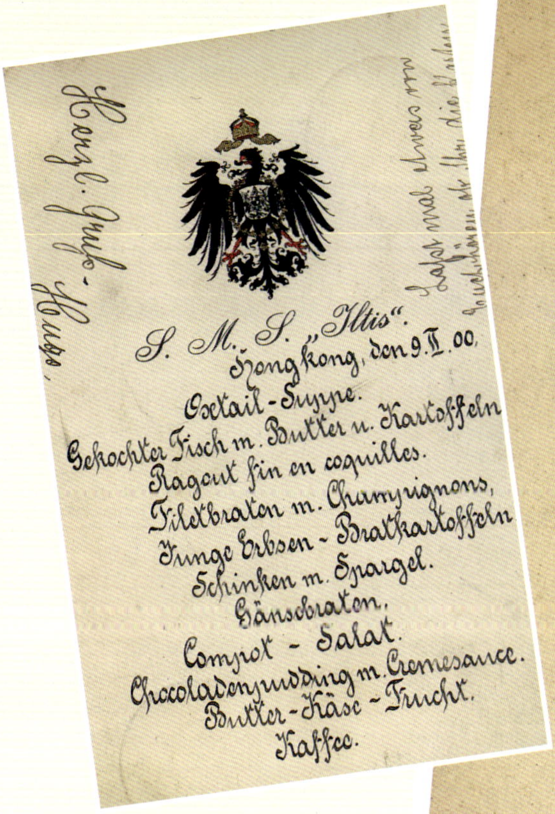
S. M. S. „Iltis".
Hongkong, den 9.II.00.
Oxtail-Suppe.
Gekochter Fisch m. Butter u. Kartoffeln
Ragout fin en coquilles.
Filetbraten m. Champignons,
Junge Erbsen - Bratkartoffeln
Schinken m. Spargel.
Gänsebraten.
Compot - Salat.
Chocoladenpudding m. Cremesauce.
Butter - Käse - Frucht.
Kaffee.
Herzl. Gruß - Hugo.
Laßt mal etwas von euch

Seiner Majestät Kanonenboot „Iltis" (900 Tonnen), 1897 als Kompositbau in Stahl und Holz gefügt, wurde in fernöstlichen Gewässern eingesetzt. Es trug noch einen Mast für Stützsegel.

Aus Hongkong schrieb am 9. Februar ein Seemann namens Hugo auf der Rückseite einer Menükarte an die Lieben zuhause: „Laßt mal etwas von euch hören..." Für ein kleines Kanonenboot am Ende der Welt sorgte die Marine mit Filet und Rebhuhn.

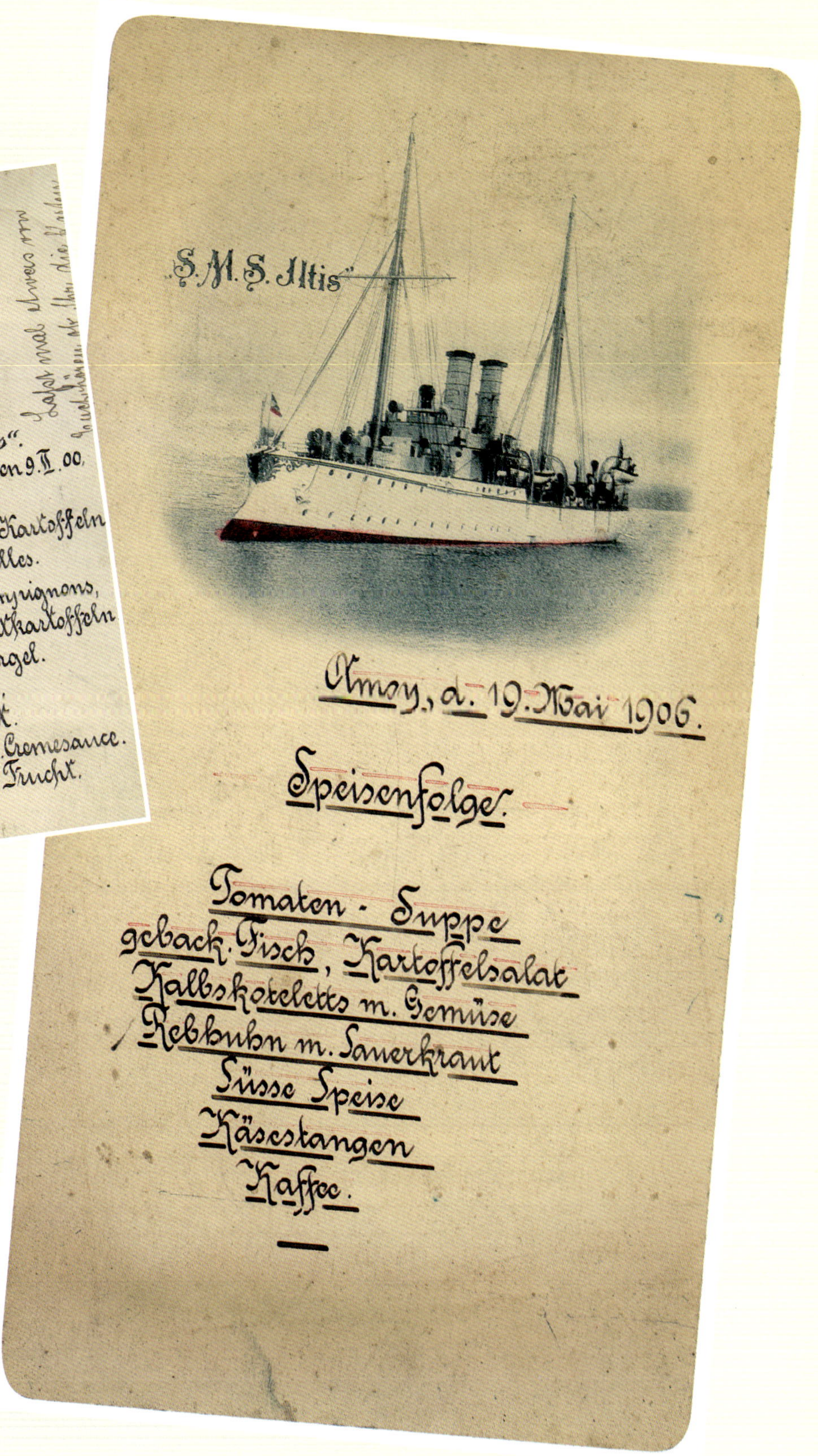
S.M.S. Iltis
Amoy, d. 19. Mai 1906.
Speisenfolge.
Tomaten - Suppe
geback. Fisch, Kartoffelsalat
Kalbskoteletts m. Gemüse
Rebhuhn m. Sauerkraut
Süsse Speise
Käsestangen
Kaffee.

*Aus der Werkstatt des berühmten Goldschmieds Hemmeling zu Köln stammt dieses etwa 80 Zentimeterlange Silbermodell des Linienschiffs S. M. S. „Braunschweig“. Es handelt sich dabei im wörtlichen Sinne um Tafelsilber.*

*Das Silberschiff wurde bei festlichen Anlässen als Schmuck auf die Tafel gestellt; Blumen waren im Gegensatz zur Passagierschiffahrt bei der Marine nicht üblich. Dieses Modell war ein Geschenk für einen Flügeladjudanten des Kaisers zum Dienstabschied.*

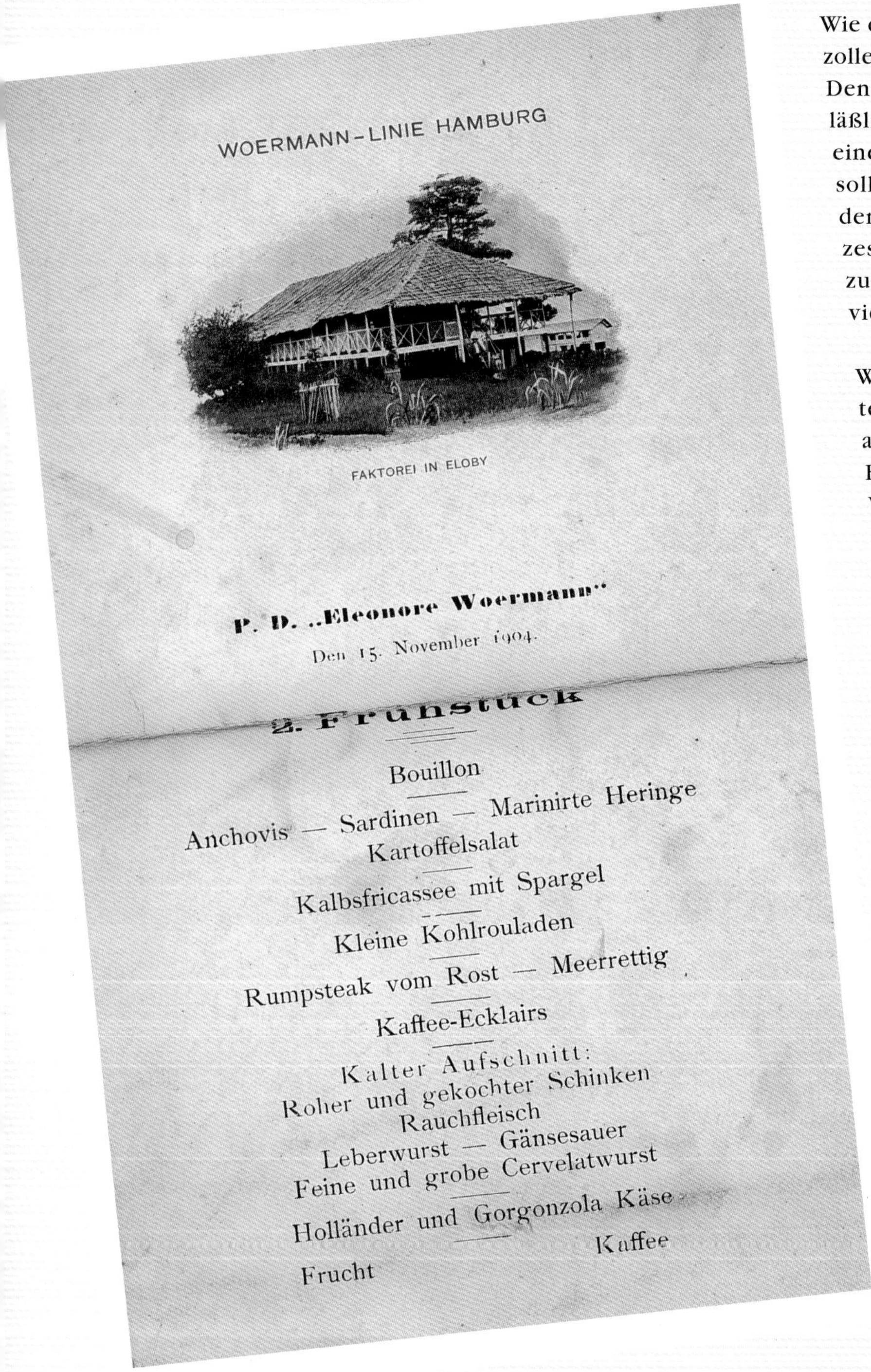

WOERMANN-LINIE HAMBURG

FAKTOREI IN ELOBY

P. D. „Eleonore Woermann“

Den 15. November 1904.

2. Frühstück

Bouillon

Anchovis — Sardinen — Marinirte Heringe
Kartoffelsalat

Kalbsfricassee mit Spargel

Kleine Kohlrouladen

Rumpsteak vom Rost — Meerrettig

Kaffee-Ecklairs

Kalter Aufschnitt:
Roher und gekochter Schinken
Rauchfleisch
Leberwurst — Gänsesauer
Feine und grobe Cervelatwurst

Holländer und Gorgonzola Käse

Frucht Kaffee

*Carl Woermann war der erste Hamburger Handelsherr, der ein Schiff nach Westafrika schickte – 1847. Danach entstand eine Reederei mit Niederlassungen zum Beispiel in Eloby, wo Waren aus der eigenen Faktorei bezogen wurden.*

Wie die „Deutschland“ waren die Hohenzollern-Schiffe Vierschornstein-Dampfer. Denn vier Schornsteine galten als unerläßlich, wenn ein Schnelldampfer einen eleganten Eindruck erwecken sollte. Auch die englische „Titanic“, deren Katastrophe 1912 den schwärzesten Schatten auf Glanz und Gloria zur See warf, hatte vier, obwohl der vierte nur Attrappe war.

1902 konnte die „Kronprinz Wilhelm“, im Durchschnitt 0,3 Knoten schneller als die „Deutschland“, auf der Ost-West-Route das Blaue Band gewinnen, 1903 die „Kaiser Wilhelm II.“ auf der Rückreise. Dauerrekordhalter war dann die „Mauretania“ von Cunard, nun mit Dampfturbinenantrieb und mit Ölstatt Kohlefeuerung. Erst 1929 wurde ihr das Blaue Band von der „Bremen“ entrissen.

Sobald das Blaue Band gewonnen war, liefen die Schiffe zur Freude der Reederei-Buchhaltung ein bißchen langsamer. Fast ausnahmslos aber galt die Erfahrung: Die reichsten Passagiere buchten das schnellste Schiff. Wer Glück hatte, konnte die Passagekosten und noch mehr zurückgewinnen. In der Etmal-Wette, zu der man sich nach dem Lunch im Rauchsalon traf, erhielt sämtliche Einsätze, wer die vom Schiff von Mittag bis Mittag zurückgelegte Strecke am genauesten getippt hatte. Gewettet und gespielt wurde in oft horrender Höhe. In jenen Jahren war die Teilnahme am „jeu“, ob für den kleinen Husarenoffizier oder den soignierten Fabrikanten, geradezu Ausweis einer herausgehobenen gesellschaftlichen Stellung. Wenn das Dekor gewahrt blieb, drückten die Chefstewards auch bei denjenigen Oft-Passagieren beide Augen zu, die als Berufsspieler ihre meist amerikanischen Poker-Brüder und Bridge-Schwestern dann und wann einmal auftrumpfen ließen, bevor sie abkassierten. Letztlich hob das Spiel, was allen am wichtigsten war: die gute Laune auf dem Schiff. Die Passagiere der Ersten Klasse bewegten sich in Räumen, die Palast-Charakter hatten. Bevor das Dinner-Jacket Mode wurde, war abends Frack unerläßlich; große Robe für die Damen sowieso. Die Kapitäne dieser Ozean-Windhunde trugen während der Überfahrt zwar die Gesamtverantwortung für das Schiff, doch die Navigation wurde meist einem anderen Offizier überlassen, damit sich der Kapitän in Gala-Uniform um die Passagiere kümmern konnte. Am captain's table zu sitzen war eine Auszeichnung, die nur höchstem und allerhöchstem (Geld-) Adel zustand. Captain's Dinner und captain's table sind bis in die Zeit der modernen Kreuzfahrtschiffe etwas ganz besonderes geblieben. Für den Seemann, der die Schnelldampfer vom Frachter aus sah, wie sie vorüberrauschten, alle Fenster hell erleuchtet, waren sie „Musikdampfer".

Den wahren Luxus an Bord hätten die Deutschen erfunden, behaupteten amerikanische Sozialkritiker.

Richtig daran ist, daß die ersten Schnelldampfer des Norddeutschen Lloyd von dem Mann eingerichtet wurden, der lange Zeit als der erfolgreichste Schiffsinnenarchitekt galt, der bekannte Bremer Architekt Johannes Georg Poppe. Er hatte sich von der Dekorationskunst in venezianischen Palazzi beeinflussen lassen und einen Hang zur französischen „École des Beaux Arts", die Licht und Luft in

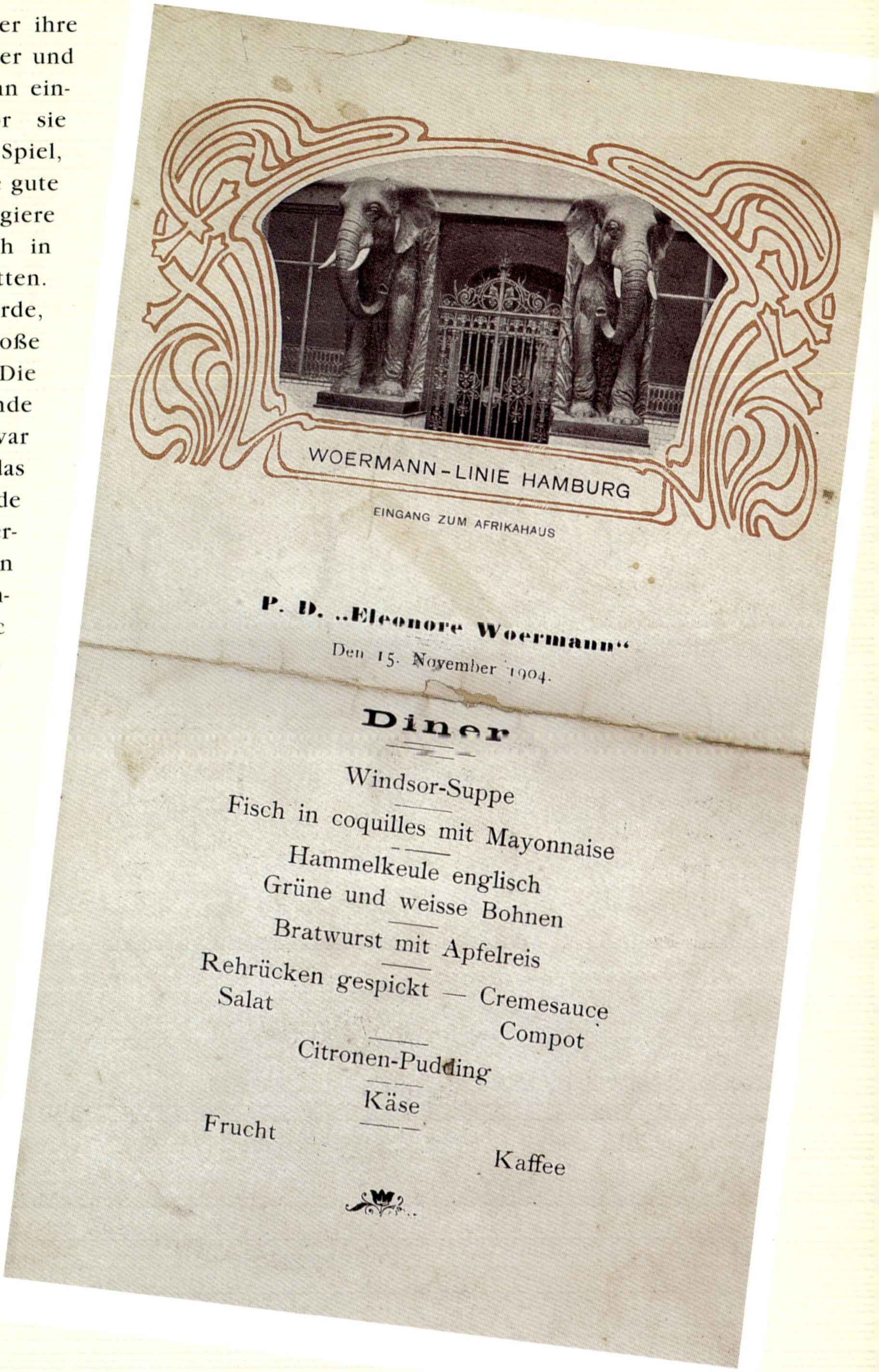
WOERMANN-LINIE HAMBURG
EINGANG ZUM AFRIKAHAUS

P. D. „Eleonore Woermann"
Den 15. November 1904.

Diner

Windsor-Suppe

Fisch in coquilles mit Mayonnaise

Hammelkeule englisch
Grüne und weisse Bohnen

Bratwurst mit Apfelreis

Rehrücken gespickt — Cremesauce
Salat Compot

Citronen-Pudding

Käse

Frucht Kaffee

*Das Fahrtgebiet der Woermann-Linie zeigte sich auch am Eingang zum Reedereigebäude in Hamburg. Vor dem Afrikahaus wachten zwei mächtige Elefanten. Reederei und Handelshaus existieren heute noch, wenn auch nicht mehr gemeinsam.*

*Von Marinemaler Hans Bohrdt stammt das Titelbild des Hapag-Dampfers „Hamburg“ für einen Werbeprospekt. Der Rauchsalon war der Mittelpunkt in der Freizeit, in dem sich die Gentlemen zum Kartenspiel, zum Gespräch und zum Drink trafen.*

den Pomp und Plüsch brachte. Den Speisesaal Erster Klasse der „Kronprinzessin Cecilie“ richtete er mit Sechser- und Vierertischen ein, wie das bis in die Gegenwart der Kreuzfahrtschiffe üblich ist. Für Albert Ballin, der sich selbst um Details wie die Auswahl von Wandbildern kümmerte, arbeitete der noch berühmtere Artur Mewès, der unter anderem auch den Saal des Londoner Ritz-Hotels eingerichtet hatte. Der Schweizer Hotelier Cäsar Ritz, 1850 bis 1918, war der tonangebende Luxushotelier. Auf Albert Ballins Anweisung erhielt die „Imperator“, 1913 das größte Schiff der Welt, ein Ritz-Carlton-Restaurant. Carlton war der Name des vornehmsten englischen Klubs.

In diesem Restaurant, zusätzlich zum Erster-Klasse-Speisesaal, wurde zusätzlich bezahlt. Neben dem Erster-Klasse-Speisesaal war es der Gipfel des kulinarischen Luxus. Doch was es im Saale gab, stellte Gourmand-Ansprüche ebenso zufrieden, schließlich hatte schon Friedrich Nietzsche erkannt: „Durch schlechte Köche und den vollkommenen Mangel an Vernunft in der Küche ist die Entwicklung der Menscheit am längsten aufgehalten und am schlimmsten beeinträchtigt worden.“

Zum Dinner am 6. Juni 1913, „anläßlich des 25jährigen Regierungsjubiläums Seiner Majestät Kaiser Wilhelm II.“ wurden Kaviar-Imbiß, Wildsuppe Medicis, Isländische Pastete, Lendenschnitte Excelsior, Hannöversche Spargel, Edelfasan angeboten. Die Schiffskapelle spielte unter anderem: Jubel-Ouvertüre von Bach, Steuermannslied aus dem „Fliegenden Holländer“, Kaiserwalzer von Strauß.

Albert Ballins „Imperator“ hatte das bislang gehegte Vierschornstein-Prestige nicht mehr nötig; drei genügten. Sie hatte 908 Plätze in der Ersten, 606 in der Zweiten, 942 in der Dritten Klasse und 1.722 in der Vierten, wie das Zwischendeck umbenannt war; Besatzung: 1.184, darunter zwölf nautische Offiziere und 25 Ingenieure. Für das leibliche Wohl der Passagiere standen bereit: zwei Oberköche,

*Nicht ganz so bequem wie die Gentlemen hatten es die Ladies an Bord. Das Bild zeigt den „Aufgang zu den Gesellschafträumen" der „Hamburg", also eine Art Treppenflur, der offenbar auch zum Verweilen einlud*

*Die „Hamburg" war kein Schnell-, sondern ein Reichspostdampfer, daher auch keine Prestigeobjekt, sondern ein gemütliches Reiseschiff. Und vergleichsweise zurückhaltend fällt die Dimension des „Speise-Salons" in hanseatischem Rot aus.*

*Große Garderobe war auf den großen Passagierschiffen nicht nur zum Dinner eine Verpflichtung, im „Gesellschafts-Zimmer" auf jeden Fall. Das hieß Frack und lange Robe. Bei Klaviermusik und Drink kam man ins Gespräch.*

zwei I. Köche, 24. II. Köche, sieben III. Köche, zwei IV. Köche, acht Köche als Partie Chefs, zwei Ritual-Köche, sechs Dampfköche, zwei Kaffeeköche, 39 Kochsmaate, drei Oberstewards, 14 Obersteward-Assistenten, acht Musikstewards, 289 Stewards, drei Telegrafenstewards, ein Zwischendeck-Obersteward, 32 Zwischendeck Stewards, vier Messestewards, vier Pantry-Stewards, fünf Pantrygehilfen, ein Chorführer, acht Silberputzer usw.

Für die Hin- und Rückreise von Cuxhaven nach New York wurden 3.000 Flaschen französischer und 2.100 deutscher Champagner gebunkert. Mit 23 und maximal 24 Knoten Durchschnittgeschwindigkeit, unterlag die „Imperator" im Rennen um das Blaue Band nur knapp.

Der wegen seiner beißenden Kommentare gefürchtete Berliner Theaterkritiker Alfred Kerr schrieb über die „Imperator": „Ich bewundere dieses entwickelste Schiff der Erde, weil es nicht allein das Notwendige, sondern das Überschüssige gibt. Der Weg vom Urkahn, vom notdürftigen Beförderungmittel, zu diesem Fahrzeug ist so lang, wie der Weg vom kritzelnden Höhlenmenschen zu meinesgleichen – dacht' ich in stiller Bescheidenheit."

Der Bau ihrer noch etwas größeren Schwesterschiffe „Vaterland" und „Bismarck" wurde durch den Ersten Weltkrieg unterbrochen. 1914 gingen für die deutschen Luxus-Liner alle Lichter aus. Es war das vorläufige Ende nicht nur der großen Schiffe, sondern auch der großen Küche, deren Verbrauch zum Beispiel auch ein Auszug aus der Verproviantierungsliste der „Titanic" ahnen läßt:

7.000 Kohlköpfe,
2 3/4 Tons Tomaten,
36.000 Apfelsinen,
75.000 Tons frisches Fleisch,
20.000 Schock frische Eier,
40 Tons Kartoffeln,
15.000 Flaschen Wein,
35.000 Flaschen Bier und Soda,
850 Flaschen verschiedene
Brandweine
und 8.000 Havanna-Zigarren

Wie ein Menetekel hatte die berühmteste Katastrophe der Schiffahrtsgeschichte vor dem ungezügelten Glauben an die Technik gewarnt. Im April 1912 versank die bei ihren Zeitgenossen als unsinkbar geltende „Titanic" zu den Ragtime-Klängen der Bordkapelle in den eisigen Fluten des Nordatlantik; eine Kollision mit einem Eisberg war das Ende ihrer ersten und zugleich letzten Reise. Mit der „Titanic" ging nicht nur die Creme der angelsächsischen Gesellschaft unter, sondern ein ganzes Zeitalter.

Als der amerikanische Unterwasserforscher Robert Ballard vor einigen Jahre das Wrack der „Titanic" in mehr als 1.500 Meter Tiefe ortete und fotografieren ließ, waren von dem sagenhaften Luxus an Bord nur noch zwei Gegenstände übriggeblieben: ein irdener Nachttopf und eine leere Champagner-Flasche.

1914 war eine Ära zu Ende, in der die Schnelldampfer auf der Nordatlantikroute zwar ihre Flaggen mit besonderem Stolz flattern ließen, aber die Schiffahrt ihre große Zeit hatte. Die Hamburg-Südamerikanische Dampfschifffahrtsgesellschaft (so mit dreifachem „f" im Gründungsnamen von 1871), kurz Hamburg-Süd, und die Dampfer der Deutschen Afrika-Linien, um nur zwei bekannte Reedereien zu erwähnen, dazu Hapag und Norddeutscher Lloyd auch auf Asien- und Dutzenden anderen Routen, knüpften ein wirklich weltumspannendes Liniennetz.

Vom Luxus der Ozeanriesen war auf den Fracht- und Passagierdampfern nur ein Abglanz zu spüren. Sie waren selbst in der Ersten Klasse eher dem Lebensstil sparsamer Kaufleute angepaßt, die nach dem Motto „kleine Kontore, große Konten" handelten, oder korrekter Beamter des höheren Dienstes. Das Essen war wie festtags daheim. Wer heute noch erhaltene Briefe und Berichte der Ur- und Ururgroßväter liest, stößt auf Äußerungen staunender Begeisterung. Die Kolonialmotive auf den Speisekarten waren Einstimmung ins Exotische. Die Reise wurde als komfortables Abenteuer empfunden. Die Motive der Schiffsspeisekarten sind ein Beleg dafür, daß Albert Ballins Hapag-Anspruch der Realtität entsprach „Mein Feld ist die Welt."

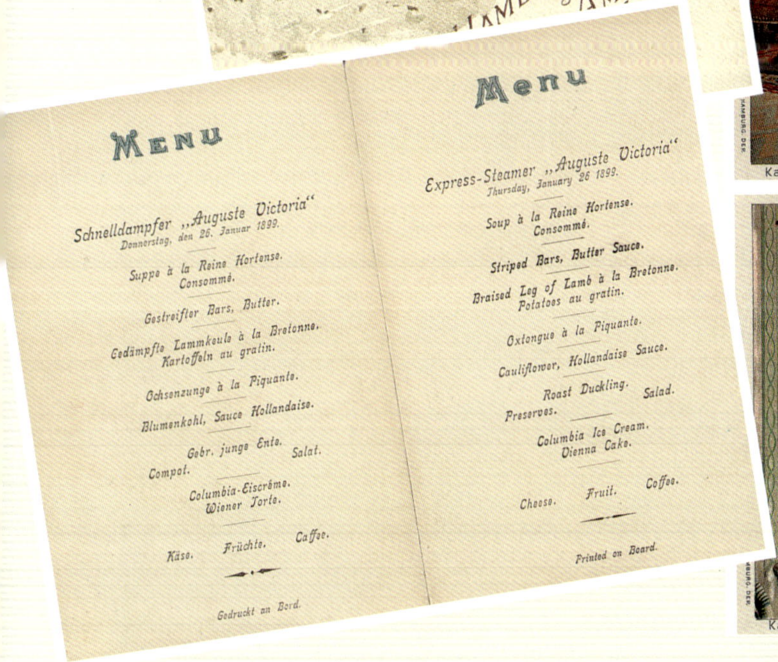

Menu

Schnelldampfer „Auguste Victoria"
Donnerstag, den 26. Januar 1899.

Suppe à la Reine Hortense.
Consommé.

Gestreifter Bars, Butter.

Gedämpfte Lammkeule à la Bretonne.
Kartoffeln au gratin.

Ochsenzunge à la Piquante.

Blumenkohl, Sauce Hollandaise.

Gebr. junge Ente.
Compot. Salat.

Columbia-Eiscrème.
Wiener Torte.

Käse. Früchte. Caffee.

Gedruckt an Bord.

Menu

Express-Steamer „Auguste Victoria"
Thursday, January 26 1899.

Soup à la Reine Hortense.
Consommé.

Striped Bars, Butter Sauce.

Braised Leg of Lamb à la Bretonne.
Potatoes au gratin.

Oxtongue à la Piquante.

Cauliflower, Hollandaise Sauce.

Roast Duckling.
Preserves. Salad.

Columbia Ice Cream.
Vienna Cake.

Cheese. Fruit. Coffee.

Printed on Board.

*Der Hapag-Schnelldampfer „Auguste Victoria", zunächst irrtümlich als „Augusta Victoria" getauft, war in den Wintermonaten oft nicht genügend ausgelastet und wurde daher von Reedereichef Albert Ballin zeitweilig nicht im Liniendienst, sondern für Kreuzfahrten eingesetzt. Er war das erste Kreuzfahrtschiff überhaupt. Es hatte schon, wie dann die „Imperator", ein Ritz-Carlton-Restaurant. Im Rauchsalon herrschte gediegene Eleganz mit schweren Möbeln. Der Wintergarten mit frischem Grün ließ vergessen, daß man sich auf einem Schiff befindet. Luxusdampfer beschäftigten oft einen eigenen Gärtner an Bord.*

# Phoenix aus der Asche

**Deutschlands Flotte ging im Krieg verloren. England und Frankreich dominierten den Atlantik-Dienst. Dann kamen „Bremen" und „Europa" – das Rennen über den „großen Teich" begann von neuem.**

Die Lichter, die 1914 erloschen waren, gingen erst gar nicht, dann nur flackernd wieder an. Finsterer als nach dem verlorenen Weltkrieg hatte es in den deutschen Hafenstädten nie ausgesehen. Albert Ballin, der Direktor der Hapag und Freund des Kaisers, hatte die Katastrophe vorausgesehen: „Der Krieg wird sehr lange dauern. Wir werden ihn niemals gewinnen." Der Reeder starb im November 1918, wahrscheinlich durch Freitod. Wie in Hamburg die Hapag, blickte in Bremen der Norddeutsche Lloyd, die andere Großreederei in Deutschland, in eine trübe Zukunft. 1919 trafen die Bestimmungen des Versailler Friedensvertrages, der schon den Keim zum nächsten Weltkrieg legte, die deutsche Schiffahrt wie mit Keulenschlägen.

Alle Seeschiffe von mehr als 1.600 BRT mußten den allierten Siegern, vor allem Frankreich, England und den USA, ausgeliefert werden, und von den kleinsten, von 1.600 bis hinab zu 1.000 BRT, auch noch die Hälfte. Der gesamte deutsche Besitz im Ausland, der im Dienst der Schiffahrt stand, wurde beschlagnahmt, darunter die umfangreichen Anlagen der Hapag und des Norddeutschen Lloyd in New York mit allen Lade- und Löscheinrichtungen und sämtlichen Barkassen und Tendern. Alle für deutsche Häfen vorteilhaften Tarife waren null und nichtig. Und Deutschland mußte sich verpflichten, auf die Dauer von fünf Jahren jedes Jahr 200.000 BRT Schiffsraum für die ehemaligen Gegner zu bauen. Verboten wurde den Deutschen übrigens auch, ihren Sekt weiter als Champagner zu bezeichnen; solcher Name mußte den Produkten aus französischen Kellereien vorbehalten bleiben. Das gilt übrigens bis heute.

Die Dreischornstein-Riesen der Hapag gingen in englischen und amerikanischen Besitz über. Aus der „Imperator" wurde die „Berengeria" der Cunard-Line. Die „Vaterland", die im Mai 1914 auf Jungfernreise gegangen und bei Kriegsausbruch in New York liegengeblieben war, hatten die Amerikaner 1917 beschlagnahmt und als Truppentransporter eingesetzt. Wiederhergestellt zum Passagierschiff fuhr sie von 1923 an unter dem Namen „Leviathan" für die United States-Line. Leviathan ist das alles verschlingende Ungeheuer aus der biblischen Apokalypse, und daß ein Schiff ebenso wie ein teuflisches Weltuntergangswesen heißt, ist schon seltsam. Doch Leviathan erweckt auch die Vorstellung von ungeheurer Dimension. So demonstrierten die Amerikaner, stets auf Superlative stolz: Seht her, wir haben das größte Schiff!

Beim Umbau war der umschlossene Gesamtraum, nach dem die Größe eines Handelsschiffes in Bruttoregistertonnen bestimmt ist, auf 59.956 BRT erhöht worden. Damit konnte die „Leviathan" bis 1931 als das größte Schiff der Welt angepriesen werden. Dann war sie plötzlich 10.000 BRT kleiner, und das ohne

◀
*Die „Europa" bei der Ausreise 1930. Mit 49.746 BRT gehörte der Ozeanriese des Norddeutschen Lloyd nicht nur zu den größten, sondern auch zu den schnellsten Transatlantik-Linern zwischen den Kriegen. Ab 1946 lief das Schiff unter dem Namen „Liberté" für Frankreich und wurde 1961 in Italien abgewrackt.*

Steamer „Columbus", Thursday, June 19th 1924

Breakfast
Apples
Quaker Oats
Scrambled Eggs with Bacon
Cold: Ox-Tongue Radishes
Swiss Cheese
Breakfast Pastry Butter Marmalade
Coffee Tea

Dinner
Bouillon Soup, Semolina Dumplings and Vegetables
Prime Rib of Beef, White Turnips, Creamed Potatoes
Pine-Apple Ice-Cream, Croquant Pastry
Rolls

Afternoon 3 O'clock
Chocolate Biscuit

Souper
Breaded Veal Cutlet, Lyonnaise Potatoes
Cold: Brunswick Sablath Sausage
Smoked Whitebait
Bread Butter Tea
For Children: Sago in Milk

9 p. m.
Tea Zwieback

*Schnelldampfer „Columbus" des Norddeutschen Lloyd, 1924. Selbstverständlich, daß es an Bord zweisprachig zuging, daher die Tageskarte für die Dritte Klasse – mit einer Abbildung des Speisesaals – auf Englisch. Die Menükarte war als Postkarte gedruckt, so daß man sie als Gruß verschicken konnte. Der Speisesaal der Ersten Klasse prunkte in klassiszistischem Stil, ebenso die großzügige Gesellschaftshalle. An der Wand hingen Gemälde aus der Zeit der Romantik.*

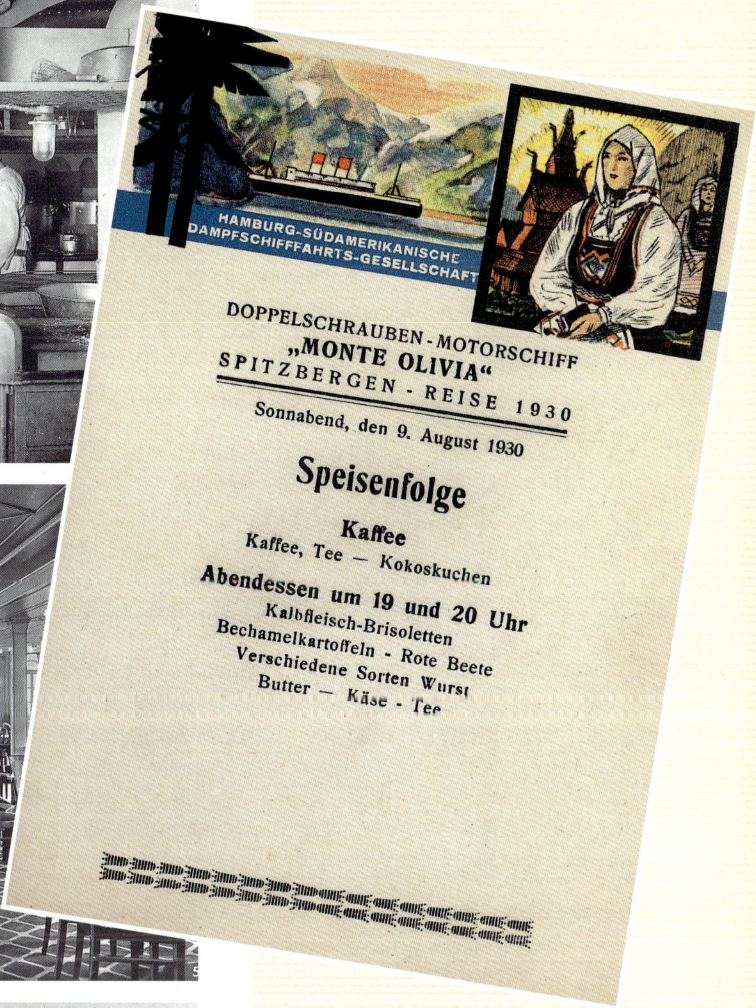

HAMBURG-SÜDAMERIKANISCHE DAMPFSCHIFFFAHRTS-GESELLSCHAFT

DOPPELSCHRAUBEN-MOTORSCHIFF
„MONTE OLIVIA"
SPITZBERGEN - REISE 1930

Sonnabend, den 9. August 1930

**Speisenfolge**

**Kaffee**
Kaffee, Tee — Kokoskuchen

**Abendessen um 19 und 20 Uhr**
Kalbfleisch-Brisoletten
Bechamelkartoffeln - Rote Beete
Verschiedene Sorten Wurst
Butter — Käse - Tee

*Für den Südamerika-Dienst setzte die Reederei Hamburg-Süd das Zweischrauben-Motorschiff „Monte Oliva" ein. Der 14.000-Tonner, den wir hier beim Verlassen des Hamburger Hafens sehen – mit leichter Schlagseite, weil alle Passagiere zu den Landungsbrücken winken – wurde auch für Kreuzfahrten eingesetzt, wie die Menukarte von 1930 zeigt. Die Küche genügte modernsten Ansprüchen. Die Stühle in der Halle wurden bei Seegang zusammengetragen.*

jede erkennbare Veränderung, nur durch Manipulation der Bestimmungen, denn nach BRT-Höhe wurde (bis in jüngster Zeit der Seeschiffahrt andere Maßstäbe angelegt wurden) auch die Höhe vieler Gebühren berechnet, die ein Schiff den Behörden in den Häfen zahlen mußte. Eigentlich am größten, 56.551 BRT, war die „Bismarck", der dritte der Hapag-Riesen. Sie war wenige Wochen vor Kriegsausbruch bei Blohm & Voss vom Stapel gelaufen. Nach dem Krieg wurde sie, wobei 1920 ein Brand ihre Fertigstellung erheblich verzögerte, zu Ende gebaut. Im Versailler Vertrag sprach man sie ausdrücklich den Engländern zu, als besondere Entschädigung für den Verlust der „Lusitania". Das Schwesterschiff der Blaue-Band-Rekordhalterin „Mauretania" war 1915 im Irischen Kanal auf der Anfahrt nach Liverpool von einem deutschen U-Boot torpediert worden. Von 1.959 Menschen an Bord fanden 1.198 den Tod, unter ihnen viele Amerikaner. Ob es die Detonation von Munition im Laderaum oder eine Kohlenstaubexplosion in den Bunkern war, die den Untergang der „Lusitania" in 20 Minuten besiegelte, ist eine umstrittene, aber angesichts der für Deutschland verheerenden Auswirkungen der Katastrophe müßige Frage. Wie sich Schuld, Mitschuld, Engstirnigkeit und auch heuchlerische Sorglosigkeit in ihr vermengt haben, ist kaum entwirrbar. In Amerika wurde die Stimmung für den Eintritt der USA in den Krieg geschürt. Von 1917 an entschieden ihre Truppen den Sieg der Allierten. Dessen Folge war letztlich der Versailler Vertrag, den die Deutschen, und nicht nur die Extremisten in der Politik, als ein Ausplünderungsdiktat empfanden. Die „Bismarck" wurde 1922 unter dem Namen „Majestic" von der White Star-Line in Dienst gestellt.

*Mokka-Tasse und Untertasse wie sie an Bord der Schnelldampfer des Norddeutschen Lloyd verwendet wurden. Zu dem blau-goldenen Schmuckband das Reedereiwappen, Anker und Schlüssel.*

Der Hintergrund des Weltgeschehens, vor dem die luxuriösen Schiffe wieder „Dampf aufmachten", war grau und diesig. In der Politik und Wirtschaft gab es in der ganzen Zeit zwischen den Weltkriegen mehr als genug Ereignissse, die den Gästen in den Speisesälen angesichts auch der verlockendsten Speisekarten den Appetit verschlagen konnten. Die Welt war ärmer geworden. Hinter dem Bewußtseinhorizont versank eine Epoche, die sich in ihrem Hochgefühl allen vorausgegangenen überlegen gefühlt und in der Schiffsinnenarchitektur das Schönste und Üppigste aus der Dekorationskunst von Renaissance, Barock und Empire-Stil an sich gezogen hatte. Der Geschmack änderte sich aber nicht zum Schlechteren, im Gegenteil. Die falschen Marmorkamine, das imitierte Kutschendach im Rauchsalon, die als Landhauswohnung kaschierte Kabinensuite waren passé, die Welt war nüchterner geworden, mehr auf Zweckmäßigkeit auch im Luxus bedacht. Die rationalisierte Zweckmäßigkeit zog zuerst in die Maschinenräume ein. Die älteren Dampfer wurden von Kohle- auf Ölfeuerung umgestellt. Alle Neubauten erhielten sie. Die „Mauretania", 1922 umgerüstet, brauchte nur 5.350 Tonnen Heizöl statt 7.000 Tonnen Kohle zu bunkern. Eine Tonne Heizöl lieferte soviel Energie wie 1,3 Tonnen Kohle. Passagiere brauchten, während sie im Deckstuhl dösten, ihr Mitleidsgefühl nicht mehr mit Gedanken an die schwer schuftenden Heizer und Kohlentrimmer zu strapazieren. Auf der „Mauretania" zum Beispiel konnte das Maschinenpersonal von 446 auf 176 Mann vermindert werden. Weil Öl schneller als Kohle an Bord zu nehmen ist, ließen sich die Hafenliegezeiten verkürzen. Nur die „Heizerflöhe", die Rußpartikel, die gelegentlich auf die Liegedecks wehten, blieben ein Ärgernis.

# Hauptmahlzeit

**Dampfer „München"**

Mittwoch, den 11. Februar 1925

***Vorspeisen:*** Grape Fruit mit Kirsch
Malossol Kaviar auf Eis

***Suppen:***
Klare Schildkröten-Suppe    Hühner-Suppe, königliche Art
Kraftbrühe in Tasse

***Fischspeisen:***
Gebratener Pompano, Braune Butter
Filet von Seezunge Marguery

***Tagesplatte:***
Doppel-Rindslendenstück, garniert, Bearner Sauce

***Zwischengerichte:***
Kalbsmidder Marsilly
Hirschkotelette, Viktoria Sauce, Orangen-Salat
Kleiner Parmesan-Auflauf ( ca. 10 Minuten )

***Kaltes Büffet:***
Suprême Schönbrunn
Schweinsrippchen in Gelee

***Braten:***
Gebratener böhmischer Fasan
Lammkeule mit Bratensaft
Gebratener Kapaun

***Vom Rost: (10 Minuten Bereitungsdauer)***
Hammelfilet mit Kräuter-Butter    Rindsrückensteak

***Salate:***
Kopf-    Römischer-    Emma

***Gemüse:***
Prinzeßbohnen    Junge Erbsen    Geröstete Tomaten
Gekochter Reis

***Kartoffeln:***
Gekochte-    Gebackene-    Anna-    Französische Brat

***Süßspeisen, Kompott, Gefrorenes:***
Kalifornische Pfirsiche
Auflauf nach Palffy ( ca. 8 Minuten )
Birne Helene    Pistazien-Rahmspeise
Eisbombe, Gräfin Art, Kleines Backwerk

***Käse:***
Schweizer-    Camembert- u. Chester    Pumpernickel

Obst und Nachtisch

Mokka

Ein V schlag

Speis nfolge

Malossol viar auf Eis

Klare Schil röten-Suppe

Gebratener Pom no, Braune Butter

Doppel-Rindsle enstück, garniert,
Bear r Sauce

Gebratener mischer Fasan,
Kaliforn. Pfirsic , Römischer Salat

Eisbombe, Gräf Art, Kleines
Backwerk
äse

okka

# Dinner

**S. S. „Muenchen"**

Wednesday, the 11th of February 1925

***Hors d'Oeuvre:*** Grape Fruit with Kirsch
Malossol Caviare on Ice

***Soups:***
Clear Green Turtle Soup    Chicken Soup Royale
Consommé en Tasse

***Fish:***
Fried Pompano, Browned Butter
Fillet of Sole Marguery

***Special Dish to Day:***
Chateaubriand Garni, Sauce Béarnaise

***Entrées:***
Sweetbread Marsilly
Deer Cutlet, Victoria Sauce, Orange Salad
Small Parmesan Soufflé ( ca. 10 minutes )

***Cold Dishes:***
Suprême Schönbrunn
Jellied Pork Chop

***Roasts:***
Roast Bohemian Pheasant
Leg of Lamb au Jus
Roast Capon

***From the Grill in 10 Minutes:***
Tenderloin of Mutton with Herb Butter    Sirloin Steak

***Salads:***
Lettuce-    Romaine-    Emma

***Vegetables:***
Prinsess Beans    Green Peas    Broiled Tomatoes
Boiled Rice

***Potatoes:***
Boiled-    Baked-    Anna-    French Fried

***Sweet Entremets, Compote, Ice Cream:***
California Peaches
Soufflé Palffy ( ca. 8 minutes )
Pear Hélène    Pistachio Cream
Ice Cream Bomb Comtesse, Petits Fours

***Cheese:***
Swiss-    Camembert- and Chester    Pumpernickel

Fruit and Dessert

Moccha

*Die Speisekarte des Lloyd Dampfers „München", zweisprachig, Schrift und Umschlag im reinsten Jugendstil gehalten, obwohl 1925 bereits Bauhaus in Mode war. Eingelegt in die Speisenkarte waren sogenannte Anziehpuppen, denen man unterschiedliche Kleider umhängen konnte. Offenbar war daran gedacht, mit am Tisch sitzende Kinder während des langen Essens spielend zu beschäftigen.*

## ABSCHIEDSESSEN

| | |
|---|---|
| Vorspeisen | **Beluga Malossol Kaviar mit Blini und Sauerrahm**<br>Suprême von Grape Fruit Grand Marnier<br>Tafelsellerie mit Roquefort Gefüllte Oliven |
| Suppen | **Frische Schildkröten-Suppe**<br>Crème de Volaille Nelusko<br>Okrasuppe Baron von Steuben<br>Doppelte Kraftbrühe Dame Blanche<br>Muschelbrühe Bellevue |
| Fische | **Lebendfrische Schleie blau, Zerlass. Butter, Sahne-**<br>Steinbuttfilet in Weißwein [Meerrettich<br>Grillierter Pompano Chartres |
| Tagesplatte | **Chateaubriand Renaissance, Sauce Foyot** |
| Zwischengerichte | **Lammkoteletten Gavardi**<br>Suprême von Küken Armagnac<br>Medaillons von Midder Pariser Art<br>Weinbergschnecken Elsässer Art |
| Kalte Platten | **Früchte von Gänseleberpastete**<br>Rehrücken orientalisch |
| Braten | **Junger Maryland Puter - Glasierte Kastanien**<br>Masttaube in Kokotte Kommodore<br>Gespickter Kalbsrücken mit Bratensaft |
| Vom Rost (8—10 Minuten) | **Mixed Grill**<br>Netzwürstchen Hubertus<br>Geflügelleber am Spießchen |
| Salate | Lattichherzen, Wasserkresse-, Alligatorbirnen-, [My Fancy- |
| Marinaden | Schloßherrin-, St. Regis-, Französische, Kräuter- |
| Frische Gemüse | **Champignons Ribeauville** Prinzeßbohnen englisch<br>Blumenkohl gratiniert Pariser Karotten<br>Gebackener Sellerie Junge Erbsen<br>Gefüllte Artischockenböden Tomate au Four |
| Gemüse und Teiggemüse | **Spaghetti mit Parmesan** Gedämpfter Reis<br>Stangenspargel, Sauce Mousseline |
| Kartoffeln | Geback. Idaho-, Kand. süße, Anna-, Soufflé-, Berny-, Nuß-, Schmelz-, Gekochte, Französische Brat- |
| Süßspeisen und Kompott | **Auflauf Jamaika** (10 Min.) Vacherin Chantilly<br>Kleine Pfannkuchen Empire Gemischtes Kompott<br>Kompott von frischen Früchten |
| Rahmeis | **Eispunsch Kardinals Art** Pfirsich Dumas<br>Erdbeer-Parfait, Mandel-Konfekt |

Verschiedene Käse

Früchte der Jahreszeit - Nüsse und Rosinen

Mokka - Mokka Hag

**DAMPFER „BREMEN“** Mittwoch, den 5. August 1936

**Vorschlag**

Beluga Malossol Kaviar mit Blini
Frische Schildkröten-Suppe
Lebendfrische Schleie blau
Junger Maryland Puter
Lattichherzen, Französische Marinade
Prinzeßbohnen englisch
Pfirsich Dumas
Mokka

**Suggestion**

Beluga Malossol Caviare with Blini
Green Turtle Soup
Live Tench blue
Maryland Turkey Poults
Lettuce Hearts, French Dressing
Haricots Verts English
Peach Dumas
Demi-Tasse

**Diätetische Speisen auf Wunsch erhältlich**

**

**If desired special Dishes for Diet may be ordered**

Die Verpflegung und Betreuung der Olympia-Kämpfer im „Olympischen Dorf“ wird vom Norddeutschen Lloyd durchgeführt

The North German Lloyd will take care of the cooking and all other demands of the Olympic Athletes in the „Olympic Village“

## FAREWELL DINNER

| | |
|---|---|
| **Beluga Malossol Caviare with Blini and Sour Cream**<br>Suprême of Grape Fruit Grand Marnier<br>Celery with Roquefort Stuffed Olives | Hors-d'Oeuvre |
| **Green Turtle Soup**<br>Crème de Volaille Nelusko<br>Okra Soup Baron von Steuben<br>Consommé Double Dame Blanche<br>Clam Broth Bellevue | Soups |
| **Live Tench blue, Melted Butter, Creamed Horse-**<br>Fillet of Turbot au Vin Blanc [Radish<br>Broiled Pompano Chartres | Fish |
| **Chateaubriand Renaissance, Sauce Foyot** | Special Dish To-day |
| **Lamb Chops Gavardi**<br>Suprême of Chicken Armagnac<br>Médaillons of Sweetbread Parisienne<br>Edible Snails Alsacienne | Entrées |
| **Fruit of Pâté of Goose Liver**<br>Saddle of Venison Orientale | Cold Dishes |
| **Maryland Turkey Poults - Glazed Chestnuts**<br>Jumbo Squab in Cocotte Commodore<br>Larded Loin of Veal au Jus | Roasts |
| **Mixed Grill**<br>Crépinettes Hubertus<br>Chicken Liver en Brochette | From the Grill (about 10 Minutes) |
| Lettuce Hearts, Water Cress, Alligator Pear, [My Fancy | Salads |
| Châtelaine, St. Régis, French, Herb | Dressings |
| **Mushrooms Ribeauville** Haricots Verts English<br>Cauliflower au Gratin Parisian Carrots<br>Fried Celery Green Peas<br>Stuffed Artichoke Bottoms Tomato au Four | New Vegetables |
| **Spaghetti with Parmesan** Steamed Rice<br>Asparagus, Sauce Mousseline | Vegetables and Pastes |
| Baked Idaho, Candied sweet, Anna, Soufflé, Berny, Noisette, Fondantes, Boiled, French fried | Potatoes |
| **Soufflé Jamaica** (10 Min.) Vacherin Chantilly<br>Crêpes Empire Mixed Compote<br>Compote of Fresh Fruit | Sweets and Compote |
| **Ice-Punch Cardinal** Peach Dumas<br>Strawberry Parfait, Almond Confect | Ice-Cream |

Choice of Cheese

Fruit in Season - Nuts and Raisins

Demi-Tasse - Sanka Demi-Tasse

**S. S. „BREMEN“** Wednesday, August 5th 1936

*Menükarte mit dem besonders opulenten Abschiedsessen auf der „Bremen“ im Olympiajahr 1936, dazu der Blick in die unterschiedlichen Speisesäle. Hinweis in der Menükarte: der Norddeutsche Lloyd ist für die Verpflegung im Olympischen Dorf verantwortlich.*

Das erste Passagierschiff mit Dieselmotorantrieb war auf dem Nordatlantik 1925 die schwedische „Gripsholm“. Motorschiffe trotz ihrer zwei Schornsteine waren schon seit 1924 die „Monte Sarmiento“ und die vier folgenden Schiffe der „Monte“-Klasse der Hamburg-Süd. Für die Schnelldampfer wurde weiterhin der Antrieb durch Dampfturbinen beibehalten. Sie garantierten ein Höchstmaß an Laufruhe und Vibrationsfreiheit des Schiffes.

Ein Schiff noch mit Expansionsdampfmaschinen, die erst 1929 gegen Getriebeturbinen ausgewechselt wurden, war die „Columbus“ (32.581 BRT) des Norddeutschen Lloyd. Sie war der erste große Ozeandampfer, nachdem sich die deutschen Reeder aus den Nachkriegsturbulenzen herausmanöveriert hatten. 1924 ging die „Columbus“ auf die Jungfernreise von Bremerhaven nach New York. Ein Jahr zuvor war die „Albert Ballin“ (20.931 BRT) der erste von vier nahezu baugleichen Passagierdampfern, mit denen die Hapag den Fracht- und Passagierdienst zwischen Hamburg und New York aufnahm. Die „Albert Ballin“, später in „Hansa“ umgetauft, und ihre Schwesterschiffe „Deutschland“, „Hamburg“ und „New York“ waren bei den Passagieren sehr beliebt, weil es auf ihnen so „hanseatisch solide“ zuging. Schnelldampfer waren sie nicht, auch nicht die „Cap Arcona“ (27.560 BRT). Das Flaggschiff der Hamburg-Süd, 1927 in Fahrt nach Buenos Aires gesetzt, erfüllte luxuriöseste Ansprüche und galt mit seinen drei Schornsteinen über einem eleganten, langgestreckten Rumpf als eines der schönsten Schiffe, im Hamburger Hafen als das allerschönste.

*Küche der „Bremen“: Auf den ersten Blick unterscheidet sich die Einrichtung nicht von der einer heutigen Großküche. Auf Personal konnte jedoch in fast unbeschränktem Maße zurückgegriffen werden.*

Aber auch die „dicken Dampfer" im Atlantik-Dienst gab es auch wieder. Da war Cunards White Star Liner „Aquitania“, kurz vor Ausbruch des Weltkrieges fertiggestellt. Vorbild war Ballins Imperator-Klasse gewesen, zumal was Mewès Inneneinrichtung betraf. Doch Albert Ballin hatte den genialen Architekten verpflichtet, ausschließlich für die Hapag tätig zu sein, keinesfalls für die Konkurrenz. Cunard umging das Problem, indem sie kurzerhand den erst 34jährigen Davies, den Juniorpartner des Büros Mewès & Davies, verpflichtete. Die „Aquitania“ nahm 1920 den Atlantik-Dienst wieder auf. Sie wurde erst 1949 verschrottet, die Einrichtung von Davies öffentlich versteigert. Teile davon animieren in einem Hotel auf der Isle of Wight noch heute den Appetit der Restaurantgäste.

Daß selbst Schiffe dieser Größe in Stürmen kräftig geschüttelt wurden, erfuhr die junge Amerikanerin Jane Winslow Anfang der 30er Jahre an Bord der „Aquitania“. Sie schreibt: „Das riesige Schiff schüttelte sich wie ein Spielzeug. Das Mittagessen war ein Abenteuer. Wir hatten eine Menge Spaß zu beobachten, wie die Stewards ihre riesigen Tabletts in der Balance zu halten versuchten, übrigens nicht immer mit Erfolg. Die Teller rutschten hin und her, und die armen Leute verbogen sich fast bei dem Versuch sie aufzufangen. Ein Familienvater am Nebentisch erlaubte seinen Kindern ausnahmsweise die Erbsen mit dem Kartoffelpürée zu vermischen und aufzulöffeln. Unsere Mutter ließ selbst im Sturm die Tischmanieren nicht fahren. Wir mußten die kleinen grünen Murmeln mit Messer und Gabel auf dem schiefen Teller jagen.“

Schnell, aber auch kein Rekordrenner, war das Schiff, das 1927 aus Frankreich kam und alle anderen auf dem Nordatlantik ausstach, die „Ile de France“. Dem Propheten funktionalen Wohnhäuserbaus, dem Architekten Le Corbusier, gab das „paquebot“, so die französische

NORDDEUTSCHER LLOYD
BREMEN

Spezialgerichte

Grüne Erbsensuppe bürgerlich

Gekochte Rinderbrust, Meerrettich-Sauce
Junger Weißkohl Butterkartoffeln

Karlsbader Sahne-Gulasch mit Spaghetti

Matjes-Hering, Frische Schnittbohnen
Neue Pellkartoffeln, Speck-Sauce

Special Dishes

Green Pea Soup Bourgeoise

Boiled Brisket Beef, Horse-Radish Sauce
New White Cabbage Buttered Potatoes

Carlsbad Creamed Veal Stew with Spaghetti

Matie Herring, Sliced New Beans
New Jacket Potatoes, Bacon Sauce

D. „Europa", Freitag, 16. August 1935

*Die „Bremen" schickt ihr JU 46-Wasserflugzeug mit der Post voraus. Der Luxus-Liner errang auf der Jungfernreise 1929 das Blaue Band und verlor es bereits im Jahr darauf an sein Schwesterschiff „Europa".*

*Das Flugzeug wurde mit einem Katapult gestartet, rund 800 Kilometer vor der amerikanischen Küste. Dieses Gemälde, Rückseite einer Speisekarte, stammt von dem Marinemaler Robert Schmidt-Hamburg.*

Vokabel für einen Ozeandampfer, in einem Vortrag Anlaß zu einer bemerkenswerten Eloge: „In diesem Dampfer befinden sich 2.000 bis 2.500 Personen. Es ist ein großes Haus. Hier herrscht keine Verwirrung, sondern die allergrößte Ordnung. Überall auf der Welt haben wir, ohne Ausnahme, eine tiefe Bewunderung für den Schnelldampfer", woran er den Trugschluß knüpfte, daß gleiche Bewunderung auch dampfergroße „Wohnmaschinen" an Land erregen würden.

Von der „Ile de France" wurde übrigens aus anderem Grund geschwärmt. Die „Mauretania" und die Ozeanriesen, die England den Deutschen abgenommen hatte, gaben sich „durch und durch britisch", steif und etikettestreng. Als auf ihnen erstmals Frauen, die Zigarette an langer Spitze in der langbehandschuhten Hand, in den Rauchsalons aufkreuzten, schien das ganze Schiff ins Schlingern zu geraten. Die „Leviathan" der Amerikaner verärgerte besonders auch die eigenen Landsleute auf schwer geschäftsschädigende Weise, weil sie der „prohibition" unterlag, dem in den Vereinigten Staaten verhängten Alkoholverbot. Daheim konnten sich die Amerikaner wenigstens in ihren „speak easys", den Flüsterkneipen, schwarzgebrannten oder geschmuggelten Schnaps in die unverfänglich aussehenden Kaffeetassen schütten lassen. Auf der „Leviathan" saß man trocken: kein Whisky, kein Bier, Wein, Champagner, bis 1933 das Prohibitionsgesetz aufgehoben wurde. Auf der „Ile de France" hingegen mußte kein Glas, welcher Gestalt auch immer, leer bleiben. Und die „Pariser Atmosphäre", oder was sie dafür hielten, begeisterte vor allem die amerikanischen Passagiere für das Schiff der French-Line, wie der Reedereiname Compagnie Générale Transatlantique aus dem für Amerikaner zungenbrecherischen Franszösisch übertragen wurde.

Ein Team französischer Künstler hatte das Schiff ausgestattet, luxuriös ohne Großspurigkeit, angenehm in allen Klassen und ohne Klassendünkel. In der Touristen- und Dritten Klasse stimmte sich die minder zahlungskräftige Intelligenz von Schriftstellern und Künstlern auf das Leben an der Rive Gauche in Paris ein. In der Ersten Klasse buchte Prominenz: der Dirigent Arturo Toscanini, Chansonnier Maurice Chevalier, Multimillionär John D. Rockefeller, Geiger Jascha Heifetz, Bankier Bernard Baruch, „Zündholzkönig" Ivar Kreuger, Filmstar Gloria Swanson, Barbara Hutton, die reichste Frau der Welt.

Für das Blaue Band war die „Ile de France" mit gut 24 Knoten nicht schnell genug. Um so rassiger sah sie aus: mit leicht nach hinten geneigten, signalroten und oben breit schwarz umrandeten Schornsteinen über

*Deckblätter von Menükarten der Deutschen Afrika-Linien aus den 30er Jahren, mit karikierend dargestellten Szenen vom Bordleben und bei Landausflügen. In Westafrika gab es keinen Hafen, die Schiffe mußten vor Anker liegend gelöscht werden. Dafür wurden sogenannte Brandungsboote verwendet, die Ladung und Passagiere am Strand absetzten. Im Afrika-Dienst wurden Kombischiffe eingesetzt, ab 1936 auch die Luxus-Liner „Windhuk" und „Pretoria".*

einem 241 Meter langen Rumpf. Die French-Line warb mit dem Slogan „Der längste Laufsteg auf dem Atlantik". Der Clou war die Treppe zum Erster-Klasse-Speisesaal. Sie führte nicht wie üblich hinauf, sondern herab zu den Tischen, eine Schautreppe, auf der auch Marlene Dietrich ihre Auftritte hatte. Das Essen? Haute cuisine, wie sie Frankreichs Spitzenköche boten. Die meisten Amerikaner waren es gewohnt, nachmittags zwischen fünf und halbsieben zu essen. Auf der „Ile de France" wie auf anderen paquebots gab es das Hauptmahl um acht Uhr. „Dinner at eight" war prompt der Titel eines von Hollywood verfilmten Romans der damals vielgelesenen amerikanischen Schriftstellerin Eda Ferber.

Und dann kamen „Bremen" und „Europa". Der Norddeutsche Lloyd und mit ihm das in seinem Selbstbewußtsein lädierte Deutschland atmeten sozusagen tief durch. Zum Stapellauf der „Europa" am 15. August 1928 in Hamburg hielt der amerikanische Botschafter Shurman die Taufrede. An der Weser erschien am nächsten Tag zum Stapellauf der „Bremen" Reichspräsident Hindenburg. Sympathien in Amerika hatte Deutschland schon im April 1928 kräftig zurückgewonnen: Den Deutschen Köhl und von Hünefeld und dem Iren Fitzmaurice war mit einer „Bremen" getauften Junkers-Maschine der erste Non-stop-Flug in Westrichtung gelungen.

Die Indienststellung der „Europa" verzögerte sich um fast ein Jahr. Ein Feuer im Schiff hatte schwere Schäden angerichtet. Das passierte dem Liner noch einmal, als er 1949 nach Frankreich ausgeliefert war und in St. Nazaire renoviert wurde, bevor er als „Liberté" wieder auf Reisen ging. Die „Bremen", mit 51.656 BRT etwas größer als die „Europa" (49.746 BRT), legte im Juli 1929 in Bremerhaven zur Jungfernfahrt ab. Nach vier Tagen, 17 Stunden und 42 Minuten legte sie unter Volldampf die Strecke zurück, die nun international als Blaue-Band-Rennbahn galt: vom Leuchtturm Bishop`s Rock am Ausgang des Ärmelkanals bis zum Ambrose-Feuerschiff vor New York. Durchschnittsgeschwindigkeit 27,83 Knoten. Die Bestzeit der Rekordhalterin „Mauretania" lag bei fünf Tagen, 18 Stunden. Zurück lief die „Bremen" noch einen Tick schneller, 27,9 Knoten. Und 0,01 Knoten schneller war die „Europa" im März 1930 auf ihrer ersten Fahrt nach New York. 1933 holte sich die „Bremen" das Blaue Band zurück.

Die „Bremen" war für 2.228 Passagiere eingerichtet. Verantwortlich für die Innenarchitektur der Ersten Klasse zeichnete Breuhaus de Groot aus Düsseldorf, für die „Europa" der Münchner Architekt Paul Ludwig Troost, derselbe, der das „Haus der deutschen Kunst" in München gebaut hat. Edle Materialien wie Makassar-Ebenholz für Täfelungen, viel Marmor und Onyx und Smyrnateppiche, sorgten für kultivierte Atmosphäre mit einem bißchen Neue Sachlichkeit und Art déco. De Groot erklärte: „Der augenfällige Luxus früherer Zeiten, der dem Geschmack der heutigen Menschen nicht mehr entspricht, wurde bei der Innenausstattung dadurch vermieden, daß wir besonderen Wert legten auf die Reinheit der Form, die Schönheit der Linie und die Qualität des Materials." Die Architektur der „Bremen", so de Groot, „führt den Menschen aus einer Zeit, die nicht mehr die unsrige ist, in die Größe der Gegenwart, in der wir atmen und nicht ersticken wollen." Luxus in Maßen, das zeigte sich auch auf den Speisekarten. Die Zeit der opulenten, schwer im Magen liegenden Diners waren ohnehin vorüber. Auf die „Schönheit der Linie" achteten auch die Passagiere. Bei sich selbst, nicht nur bei dem Schiff, das sie für ihre Reise über den Atlantik wählten.

*„Grüß Gott, gnä` Frau!" Gesellschaftsleben auf dem Deckblatt einer Menükarte des Lloyd.*

*Die Karte in der Karte: Auf dem M.S. „Milwaukee" der Hamburg-Amerika-Linie lag die Menükarte, im Schiffsglockenformat ausgeschnitten, der Einladung zum Deutsch-Amerikanischen-Freundschaftsfest an Bord bei. Die Einladung auch in Altdeutsch: ...„und soll sein das Glöcklin Symbolum, dess lieblich Läuten leise nachklingt in aller Herzen für und für". Etwa aus der Mitte der 30er Jahre.*

# FEST-ESSEN

gegeben von Neptuns Gnaden zu Ehren
der durch sein Reich reisenden Passagiere

*Süß eingemachte Meeresfrüchte*
*serviert in Neptuns Trinkbechern*

*Pikante Äquator-Zugabe*

*Suppe aus Seehunds-Schinken*
*auch solche aus See-Schwalbennestern*

*Algen-Essenz*

*Gesottene Haifisch-Schnitte, Lebertran-Sauce*

*See-Kalbsrücken garniert*
*mit Gemüsen aus Poseidons Garten*

*Walfisch-Zunge nach Triton*

*Gebratene St. Pauls-Rock-Vögel*
*Seegrassalat Quallen-Kompott*

*See-Tang Najaden Art*

*Gebackener Kabliaurogen, See-Igel-Gelee*

*Süßigkeit zubereitet von Möven-Eiern*

*Eisbergbrocken*

*Meeresfrüchte*

*Lieblingsgetränk der Meerjungfrauen*

*Wallroß-Schwanz, See-Teufel Sauce*

—:—

**Postdampfer „SIERRA SALVADA“**

*Auf dem Weg nach Südamerika kam Neptun an Bord des Lloyd-Postdampfers „Sierra Salvada“, 1934. Aus Anlaß der Äquatortaufe wurde ein Festessen „von Neptuns Gnaden“ gegeben, mit einer Speisenfolge aus dem Reich der Phantasie.*

Uebersetzung der vorstehenden

## SPEISEN-FOLGE

in die Sprache der Landbewohner anderer Zonen:

Melonen-Cocktail
Malossol Beluga Kaviar auf Eisblock
Marinierte Tomatenscheiben, Mixed Pickles

———

Derby-Suppe
Huhnfleischbrühe Montmorency
Spargel-Essenz
Warme oder geeiste Kraftbrühe in Tasse

———

Gekochter Corbina, zerlassene Butter

———

Gespickter Kalbsrücken
Blumenkohl Schmelzkartoffeln

———

Kalt: Pökelrinderzunge, Eva-Salat

———

Gebratene Ente, gefüllter Apfel
Kopfsalat, Tausend Insel-Marinade

———

Staudensellerie, Colbert-Sauce

———

Maiskorn-Krapfen, Johannisbeer-Gelee

———

Savarin Schottisch

———

Eisbecher Edna May

———

Käse-Platte -- Dessert
Früchte -- Mokka -- Mokka „Hag"

**Vom Rost oder von der Pfanne** (ca. 15 Minuten)
Ochsenschwanz, Sauce Diable

—:—

Am Aequator, Dienstag, 10. April 1934

*Was sich wirklich hinter dem Menü zur Äquatortaufe verbarg, findet sich anhand der „Übersetzung" auf dieser Seite der Speisekarte. Der Umschlag ähnelt in Farbe und Muster den damals üblichen Zigarettendosen mit Orienttabak; in der Mitte das Reedereiwappen.*

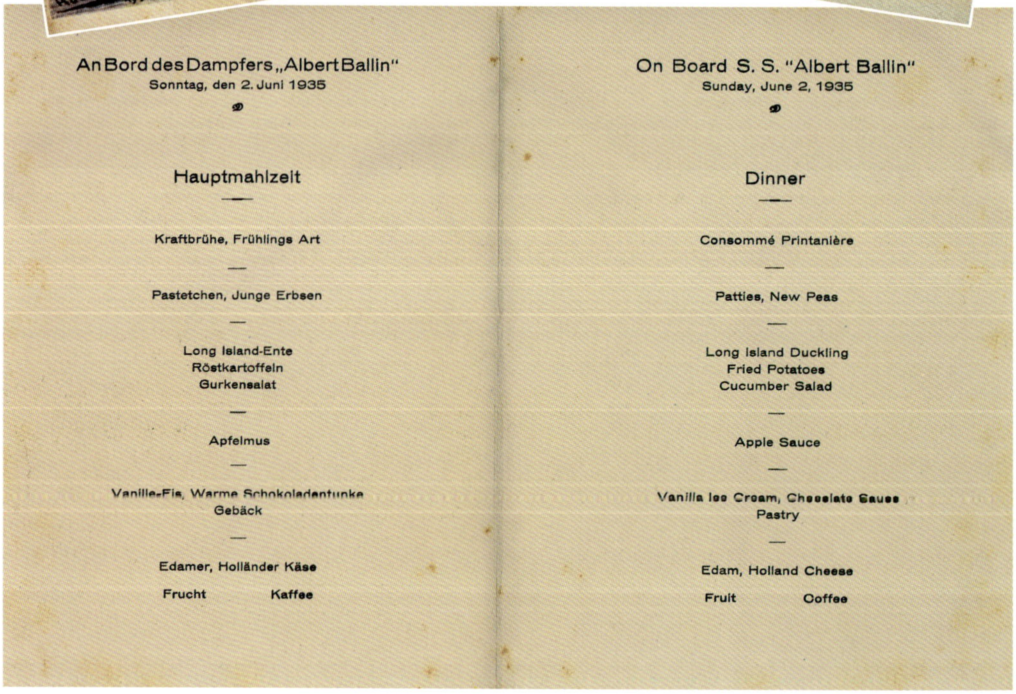

An Bord des Dampfers „Albert Ballin"
Sonntag, den 2. Juni 1935

**Hauptmahlzeit**

Kraftbrühe, Frühlings Art

—

Pastetchen, Junge Erbsen

—

Long Island-Ente
Röstkartoffeln
Gurkensalat

—

Apfelmus

—

Vanille-Eis, Warme Schokoladentunke
Gebäck

—

Edamer, Holländer Käse

Frucht Kaffee

On Board S. S. "Albert Ballin"
Sunday, June 2, 1935

**Dinner**

Consommé Printanière

—

Patties, New Peas

—

Long Island Duckling
Fried Potatoes
Cucumber Salad

—

Apple Sauce

—

Vanilla Ice Cream, Chocolate Sauce
Pastry

—

Edam, Holland Cheese

Fruit Coffee

*Heimatliche Motive auf Menükarten waren 1935 bei fast allen deutschen Reedereien beliebt. Das flaggengeschmückte Uhlenhorster Fährhaus an der Alster malte der Marinemaler Adolf Bock. Aus der gleichen Serie das Hamburger Rathaus, Bad Oeynhausen, Berlin, Regensburg, Die Menüs selbst wurden langsam bescheidener…*

# Mit der Heimat im Herzen, die Welt geniessen

**Die Zahl der Transatlantik-Passagiere nahm ab. Die pure Lust an Reise und Erholung brachte einen neuen Gast an Bord: den Touristen. Die Reedereien umwarben ihn mit Komfort und günstigen Preisen.**

Für den Kampf gegen die Pfunde, die man sich im Speisesaal zulegte, hatten die Luxus-Liner bereits „Turnhallen“. Heute nennt man sie Fitness-Räume. Sie waren mit Trockenruderapparaten, Standfahrrädern ausgestattet und wie das Schwimmbad nicht an, sondern tief unter Deck angelegt. Auf der „Imperator“ war das Bad im pompejanischen Stil gehalten, eher ein Plätscherbassin. Auf den neuen Ozeanriesen sollte es „sportiv“ sein. Damen und Herren durften, was wenige Jahre zuvor noch als unschicklich galt, gemeinsam schwimmen. Die Männer trugen Badeanzug und nicht Badehose. Die Sauna war noch unbekannt; geschwitzt wurde im Türkischen Bad. Als erstes Schiff hatte die „Cap Arkona“ der Hamburg-Süd an Deck einen Tennisplatz in Originalgröße. Die Promenadendecks waren meist verglast. Der Hunger nach frischer Luft hielt sich noch in Grenzen. Wer befürchtete, schon beim Anblick der Wellen seekrank zu werden, wurde von neuer Technik getröstet.

Seekrankheit sei „die fast unvermeidliche Mitgift aller Leute, welche noch keine Seereise gemacht haben“, hatte 1858 ein Bremerhavener Arzt geschrieben. Darüber, wo Seekrankheit im Organismus anzusetze und mithin zu bekämpfen sei, stritten die Mediziner noch bis in die 1920er Jahre. Empfohlen wurden viele Mittel, pressende Leibbinden, Seewasser trinken, viel essen, gar nicht essen, Schnaps schlucken. Keines half, bis erkannt wurde, daß die Behandlung auf das Gleichgewichtszentrum im Mittelohr und das Brechzentrum im Gehirn zielen muß. Die Seekrankheit wurde als Krankheit infolge ungewohnten Bewegtseins begriffen, ausgelöst durch das Rollen und Stampfen des Schiffes im Seegang. Erkannt wurde auch, daß oft psychische Momente zur Seekrankheit oder ihrer Verhinderung beitragen.

Einer der sich mit diesem Phänomen auch beschäftigte, war Thomas Mann. Kurz nach dem Auslaufen zu seiner ersten der 14 Atlantik-Passagen, an Bord der holländischen „Volendam“, die er am 19. Mai 1934 ab Boulogne bestiegen hatte, notierte er in seinem Tagebuch: „Unausbleiblich der Nervenchoc der ersten Stunden nach Vertauschung der gewohnt stabilen Grundlage mit einer labilen. Es hat tagelang etwas Unglaubwürdiges, eine unter einem wogende, zerweicht sich hebende und wegsinkende Treppe

hinunterzugehen: man faßt sich an den schwindelnden protestierenden Kopf und möchte es einen schlechten Scherz nennen. Ein absurder Spaziergang heute morgen an Deck – dies gelähmte Angehalten werden und betrunkene Vorwärtsfallen, das man mit einem verächtlich kopfschüttelnden Lachen begleitet, da sonderbarerweise die Neigung besteht, sich unabhängig von den Umständen, einen Zustand zuzuschreiben, aus dem so viel Unwürdiges hervorgeht, – wie man ja seine Füße für 'schwer' hält beim Gehen auf ansteigender Straße."

Und weiter: „Zu den Symptomen der Seekrankeit niederen Grades muß man die Schläfrigkeit, ja Schlafsucht der ersten Tage rechnen. Der hohe Luftdruck mag schuld daran sein, vor allem aber die Schaukelbewegung, die einlullend auf eine betäubende Weise den Kopf benimmt."

„Ein mutiger Mann wird nicht seekrank", hatte schon in der Antike der Philosoph und Historiker Plutarch behauptet, was so simpel jedoch nicht stimmt. Seekrank wurde wiederholt auch der Seeheld Lord Nelson. Nur drei bis fünf Prozent aller Menschen sind gegen Seekrankheit gefeit. Meist geht sie nach einer Gewöhnungphase vorüber.

Der amerikanische Militärarzt Billings, der vor dem Ersten Weltkrieg auf Schnelldampfern gefahren war, gewann ihr auch Positives ab: Seekrankheit sei das beste Mittel gegen Affektiertheit. Der Luxus an Bord habe vor allem die Funktion, die Passagiere von der Seekrankheit und der Seefahrt allgemein abzulenken, erklärte der berühmte Schiffsarchitekt Arthur Davis. Er hatte die englische „Aquitania" eingerichtet, einen der geschäftlich erfolgreichsten Vierschornstein-Dampfer, der von 1914 bis 1919 rund 1,2 Millionen Passagiere

*Fernweh sollten die Karten des Norddeutschen Lloyd wecken. Die fernöstlichen Motive finden wir auf Menükarten des Postdampfers „Sierra Salvada", der für Kreuzfahrten von der Hamburg-Süd gechartert war.*

*Auf Kurs Fernost passierten die Lloyd-Dampfer den Suez-Kanal, daher hier ein ägyptisches Motiv. Für diese Bilder war der bedeutende Marinemaler Robert Schmidt-Hamburg beauftragt worden.*

beförderte, und gab seiner Erfahrung spitz Ausdruck: „Die meisten Fahrgäste sind amerikanische Ladies, und sie sind seekrank. Wenn wir sie und die Leute überhaupt dazu kriegen könnten, sich an der See zu erfreuen, wäre das eine gute Sache. Aber alles, was wir tun können, ist eben, ihnen ein gigantisches Hotel anzubieten."

Wie auch immer, die Techniker suchten nach einem Gegenmittel. Die 1932 in Dienst gestellte italienische „Conte di Savoia" erhielt die von einem amerikanischen Ingenieur erfundenen Sperry-Kreiselstabilisatoren, die auch gut für die Werbung waren. Sie würden das Schlingern des Schiffes auf drei Grad begrenzen, versprach man den Passagieren. „Bremen" und „Europa" hatten ausgeklügelte Schlingertanksysteme, in denen Wasser wie ein Gegengewicht zum Schwanken des Schiffes hin- und herfloß. Heute haben Kreuzfahrtschiffe von Kreiselsystemen gesteuerte ausfahrbare Stummelflossen. Als Beweis, wie wenig Seekrankheit auf der „Bremen" zu befürchten sei, berichtete ein Amerikaner, der als einer von vier Ärzten an einer Magenoperation teilgenommen hatte: in den 45 Minuten des Eingriffs habe er keinen Unterschied zur Arbeit in einem Spital auf festem Boden spüren können; so ruhige und schlingerfreie Fahrt mache das Schiff.

Heftig ins Schlingern geriet jedoch das Reedereigeschäft. Die Weltwirtschaftskrise, die sich 1929 mit Börsenkrächen und Bankzusammenbrüchen angekündigt hatte, dauerte an. In England mußte die White Star- mit der Cunard-Line fusionieren. Norddeutscher Lloyd und Hapag bildeten eine „Union", aber ohne den Betrieb zu vereinigen. 1932 waren 642.000 Passagiere im Transatlantikverkehr befördert worden; 1933 waren es nur 467.000. Das Geschäft mit den Massen von Auswanderern im Zwischendeck war ohnehin vorbei. Nach dem Ersten Weltkrieg hatten die USA verschärfte Einwanderungsgesetze erlassen. Die Luxus-Liner wurden bei weitem nicht ausgebucht. Und neue kamen hinzu.

Die Italiener nahmen mit der „Conte di Savoia" und der „Rex" einen Dienst „auf der Sonnenroute" zwischen Genua, Neapel und New York auf. Die „Rex", 2.024 Passagiere, erhielt 1933 das Blaue Band, weil sie die Strecke von Gibraltar zum Ambrose-Feuerschiff in neuer Rekordgeschwindigkeit zurückgelegt hatte, 28,92 Knoten. Die Engländer ließen den Bau eines Luxus-Liners jahrelang ruhen, kein Geld. Doch Frankreich feierte 1932, mitten in der Depression, den Stapellauf eines überwiegend von der Regierung finanzierten Schiffes, das alle anderen übertreffen sollte. 1935 war es fertig. Mit 79.280 BRT war nun die „Normandie" das größte Schiff und auch der schnellste Luxus-Liner. Auf der Jungfernreise im Mai wurde das Blaue Band gewonnen, hin 29,98, zurück 30,31 Knoten. Die 1.972 Passagiere, 848 in der Ersten Klasse, fuhren auf einem Schiff, das sich „als Botschafterin französischer Kultur" und als „Bühne Frankreichs" präsentierte. Die „Grande salle à manger", der 69 Meter lange Speisesaal der Ersten Klasse, war 18 Meter länger als der Spiegelsaal von Versailles. Die „Normandie" wurde zur uneingeschränkten Königin des Nordatlantiks und gilt vielen bis heute als das schönste Schiff in der Geschichte der Passagierfahrt, sowohl in ihren äußeren Proportionen mit den drei kurzen, leicht geneigten Schornsteinen, der dritte war eine Atrappe, als auch in ihrer Inneneinrichtung, die eine radikale Abkehr von allen traditionellen Vorbildern bedeutete. Die „Normandie" präsentierte sich in reinstem Art déco. Glas, Chrom, Leder, Lack, Marmor und Bronze fügten sich zu einzigartigen halbrund ge-

*Nicht nur die kulinarische Genüsse sollten den Passagier zufriedenstellen, zur Unterhaltung gehörte auch musikalische Untermalung durch die Bordkapelle. Dafür wurden eigene Programme gedruckt. Der Norddeutsche Lloyd schmückte sie mit den Portraits berühmter deutscher Musiker, rückseitig ihre Biographien in drei Sprachen.*

CUNARD WHITE STAR

CUNARD WHITE STAR

## MITTAGESSEN

Kraftbruhe Caroline — Erbseuppe

Gekochtes Fisch
Gebackener Fisch

Makaroni Napolitaine

Lamm Sautiert

Gepoekelte Rinderbrust mit Kloesse

*Auf Bestelung am Rost zubereitet:*
Schweinfleisch Koteletten

Bohnen — Wirsing Gemuse
Gebratenes und Gekochte Kartoffel

*Kaltes Fleische:*
Rindfleisch — Zunge — Lamm — Kopfkaese

*Salat:*
Frischer Gr. Salat

Frucht Kompot — Eiscrem

Kaese — Brötchen und Butter

Tee — Kaffee

R.M.S. BERENGARIA — Friday, June 25, 1937

## LUNCHEON

Consomme Caroline — Pea Soup

Boiled Whitefish—Parsley Sauce
Fillets of Pickerel a la Juive

Macaroni Napolitaine

Saute of Lamb and Peas

Corned Silverside of Beef and Dumplings

*TO ORDER FROM THE GRILL:*
Pork Chops—Charcutiere

Mixed Vegetables — Baked Boston Beans
Baked and Saute Potatoes

*Cold Meats:*
Roast Beef — Ox Tongue — Head Cheese
Roast Lamb — Bologna Sausage

*Salads:*
Romaine — Tomato
Beetroot and Onions — French Dressing

Compote of Plums and Custard
Ice Cream and Wafers

Cheese — Rolls and Butter

Tea — Coffee

Passengers on Special Diet are especially invited to make known their requirements to the Chief Third Class Steward.

T.C.

*Zwei dicke „Pötte" der Cunard White Star-Linie, die „Lancastria" und „Berengeria", 1937. Letztere war als „Imperator" von der Hapag gebaut worden und vor dem Ersten Weltkrieg der größte Luxus-Liner.*

schwungenen Formen. Wand und Boden des Wintergartens bestanden aus weißem und grauem Marmor. Große Töpfe mit Blumen und Farnen standen dort und zwei große Volieren aus Glas mit goldener Umfassung, in denen zwanzig verschiedene Singvögel musizierten. Der säulengesäumte Treppenaufgang vom Rauchsalon zum Grill Room ist wegen seiner zeitlosen Eleganz zur Legende geworden. Teile der Holzverkleidung und die Wandlampen schmücken heute die Bar des Fontainebleau Hilton Hotels, der ersten Adresse von Miami Beach.

Die Qualität der Küche genoß höchsten Ruf. Hier regierte Chefkoch Gaston Magrin mit eiserner Hand. Kein Mensch hat ihn je lächeln gesehen. Man erzählt sich, daß er einmal einen seiner Unterköche fragte, wie sich ein neuer Lehrling mache. „Er macht es gut", erhielt er zur Antwort. „Es gut zu machen, reicht nicht aus", beschied Magrin. Das Regime des Gaston Magrin war derartig hart, daß die Köche und Stewards der „Normandie" vor der Jungfernfahrt in Le Havre mit einem Sitzstreik drohten, sollte er seinen Ton nicht mäßigen. Er versuchte es, doch es gelang ihm nicht. Trotzdem, oder gerade wegen seines eisernen Regiments, galt die „Normandie" bei den Passagieren als Gourmet-Tempel, man ging an Bord, um ein paar Tage exzellent wie sonst nie zu leben. Wie schon „Bremen" und „Europa" verfügte der Luxusliner über Kabinen und Einrichtungen auch für die neue Art von Kunden, den Touristen.

1936 wurde die Grandeur der „Normandie" von den Engländern überschattet. Der Luxus-Liner „Queen Mary", dessen Fertigstellung fast auf den Finanzklippen gescheitert wäre, war noch größer, 80.744 BRT. Er holte sich das Blaue Band auf der Jungfernreise sozusagen halb, weil er nur auf der Rückfahrt schneller als die „Normandie" gewesen war, 1937 zur Gänze, mit 30,99 und 31,69 Knoten. Der Rekord bestand bis in das Jahr 1952.

*Ein Aschenbecher von der „Normandie". Das französische „Paquebot" galt als Meilenstein in der Liner-Geschichte. Die Inneneinrichtung war reines Art déco.*

Der Luxus-Genuß auf dem Nordatlantik war kurz, bloß vier Tage, wenn man auf einem langsameren Schiff reiste, wie Thomas Mann, dann dauerte er knapp doppelt so lang. Seinen Reisenotizen vom Leben an Bord entnehmen wir: „Auf der schwarzen Tafel, die auf dem Treppenvorplatz über dem Speisesaal steht und der öffentlichen Mitteilung dient, lasen wir heute morgen auf englisch, die Passagiere möchten sich um elf Uhr mit ihren Schiffskarten an den numerierten Bootsplätzen einfinden, zur Instruktion für den Notfall durch den betreffenden Offizier. Ich habe nicht gesehen, ob andere der Order gefolgt sind, aber wir haben uns jedenfalls nach der Bouillon, die um diese Zeit von den Weißjacken herumgereicht wird, zum Stelldichein aufgemacht, denn der Notfall interessiert mich in all dem übertünchten Komfort, der es darauf anlegt, den Ernst der Lage in Vergessenheit zu bringen."

Über den für ihn zuständigen Obersteward berichtet er: „Im Speisesaal ist er vorzugsweise einer aus dem vollen lebenden amerikanischen Familie zu Diensten, die sich beständig außerhalb der Karte bewegt und sich mit Extragenüssen, Hummern, Champagner, Kaviar und Omelettes en surprise, regaliert. Er geht wohl, die Hände auf dem Rücken und viel berufsmäßigen Humor hinter der Brille, von Tisch zu Tisch und spendet jedem von seiner Jovialität." Und über die Küche: „Die Verpflegung ist üppig, sie ist es, was besonders zu schätzen, in beliebigem Grade. Es gibt keine Bevormundung durch ein festes Menü. Die ganze enggedruckte und immer neue Karte steht zur Verfügung; nach Lust und Befinden stellt man sich an ihrer Hand seine Mahlzeiten zusammen und könnte, wenn man`s vermöchte, die Angebote dreimal am Tage ab und auf von den hors d`oeuvres bis zu den icecreams herunteressen. Wie bald aber stößt der Mensch an seine Grenzen! Die Linie weiß es, und sicher hat sich auch ihr Freiheitsgrundsatz als ökonomisch erwiesen – besonders im Winter."

Schließlich: „Sehr gut ist es, das Frühstück mit einer halben Grapefruit einzuleiten, dieser erfrischenden Großapfelsine, die in vorzüglicher Qualität an Bord vorhanden ist und deren Fleisch man zum bequemeren Genuß schon in der Küche mit einem besonderen Instrument aus den Häuten löst. Dagegen gelingt es mir, seiner Süßlichkeit wegen, nicht, mich mit dem geeisten Tomato-Cocktail zu befreunden, den die Amerikaner vor jeder Mahlzeit schlürfen."

*Die „Reliance" der Hapag auf der Elbe vor Blankenese. Das Weltreisen-Schiff ging 1938 infolge Brandstiftung verloren und lag lange als Wrack im Hamburger Hafen.*

.Reisen auf Kreuzfahrtschiffen wie die „Reliance" (19.527 BRT) der Hapag, auf Werbeplakaten vor den Bergen und Gletschern Feuerlands, waren seltene Ausnahmen und wurden in den 30er Jahren eingestellt. Doch die Zeit zwischen den Weltkriegen war die letzte Epoche, in der für die Passagierschiffahrt auch in Deutschland das „Mein Feld ist die Welt"-Motto von Albert Ballin noch zutraf. In den Jahren kurz vor Wiederkriegsausbruch stellte der Norddeutsche Lloyd die schnellen Passagier- und Frachtdampfer „Gneisenau" und „Scharnhorst" für Ostasien in Dienst, je rund 150 Passagiere in der Ersten und Zweiten Klasse. Die Hapag bediente mit neuen Motorschiffen die Karibik und Mittelamerika. Die Deutsche Ost-Afrika-Linie und Woermann konnten 1936 und 1937 die Zweischornstein-Dampfer „Pretoria" und „Windhuk" auf Jungfernreisen nach Kapstadt entsenden; sie konnten 160 Passagiere in der Ersten und 380 in der Touristenklasse unterbringen. Die Schiffsreise war, was einem heute in den Flughafenhallen gar nicht mehr in den Sinn kommt, die einzige Möglichkeit, überseeische Ziele zu erreichen.

Die Reisen waren kein Trip, zu dem man sich daheim mit Floskeln wie „In vierzehn Tagen bin ich wieder da" verabschieden konn-

*Die „Cap Arcona". 1945 wurde sie, mit KZ-Gefangenen an Bord, in einem Luftangriff in der Lübecker Bucht versenkt. 5.000 starben.*

te. Das „Muß i denn zum Städtele hinaus“, das die Bordkapelle spielte, wenn das Schiff von der Pier ablegte, hatte für viele Passagiere schmerzhafte Untertöne. Die Gemütsverfassung sentimentaler Naturen im Gleichgewicht zwischen Heim- und Fernweh und die Gedanken der Passagiere überhaupt sorgenfrei zu halten, das war das Grundprinzip des Service an Bord gut geführter Schiffe. Daß Essen und Trinken dabei eine Hauptrolle spielten, versteht sich von selbst und ist lediglich erwähnenswert, wenn man dabei bedenkt, wie nur wenige Generationen zuvor die Verpflegung auf See zu nichts anderem als einem meist mühsamen Überleben diente.

Mit den Schiffsspeisekarten ist ein gutes Stück Schiffahrtskulturgeschichte dokumentiert. Darüber hinaus sind sie, in ihren Illustrationen, oft Zeugnisse der Gemütsverfassung, die im Zeitgeschehen überhaupt herrschte. Sie sind Visitenkarten des Zeitgeistes und der auf See wetteifernden Nationen. Da ist der Stolz auf die eigene Historie und ihre großen Gestalten, ob Feldherr, Geistesfürst oder Komponist, dokumentiert. Auf einer Karte der „Europa“ von 1939 sind unter dem Motto „Stätten Deutscher Arbeit“ Werftarbeiter vor dem wuchtig aufragenden Bug eines Neubaus auf der Helling zu betrachten. Ein Blick in das Angebot zum Lunch, wofür man deutsch Gabelfrühstück sagte: Rauchfleischtütchen nach Diplomatenart, Amerikanischer Fleischsalat, Lachsflocken Manhattan oder anderthalb Dutzend anderer Vorspeisen; und ebenfalls nur als Beispiel für Auswahlfülle hergezählt: „Kartoffeln: Gebackene Idaho, Gebackene Süße, Gekochte Neue, Mus, Deutsche Brat, Vauban. O'Brien, Saratoga Chips“; auch wer kein Kartoffelspezialist ist, erkennt den Einfluß der zahlungskräftigsten Luxusliner-Gäste auf das Menü, der Amerikaner eben.

Auf der „Scharnhorst“ wie auf anderen Dampfern des Norddeutschen Lloyds rühmten in den 30er Jahren Serien von Speisekarten das schöne Deutschland, seine Landschaften, Schlösser, Rathäuser, das Idyll seiner mittelalterlichen Fachwerkbauten: Dinkelsbühl, Frankfurts Römer, die Marienburg in Ostpreußen und Burgen rheinauf, saaleab ... Daß nicht nur in der Ersten Klasse erstklassig gegessen wurde, erweist eine Karte der „Scharnhorst“, auf dem Umschlag „Rothenburg ob der Tauber“, von einem Gabelfrühstück an einem Alltag 1935: Sardellen-Eier oder Schweinsfrikandeau oder fünf andere warme oder kalte Vorspeisen, Thüringer Kartoffelsuppe oder Polnischer Bortsch, gebackene Eier, Schellfischschnitte, Entrecôte Béarnaise, gemischtes Gemüse, Spi-

*Turbinenschiff „Albert Ballin“, 1935 in „Hansa“ umbenannt, war als „Sovetsky Sojus“ noch lange nach dem Krieg in*

nat, Spaghetti auf Parmesan, Gedämpfter Reis, Kartoffelpüree, gekochte oder runde Bratkartoffeln, Gelee Harlekin mit Vanillesauce oder Schillerlocken, Holländischer Blockkäse. Die Touristenklasse war keineswegs als Ärmere-Leute-Klasse angesehen.

„Berühmte deutsche Heilbäder" wurden 1936 auf Speisekarten von Hapag-Schiffen vorgestellt. Auf einer Karte der „Deutschland" zur „Hauptmahlzeit", wie Dinner eingedeutscht war, tummeln sich Kurgäste am Brunnen von Bad Kissingen, wozu dem Betrachter freilich auch der Gedanke an mögliche Folgen üppiger Menüs kommen könnte. Die Musik spielte zu Tisch „Grün ist die Heide" und „Wiener Operetten-Revue", und auf derselben Karte wurde zum anschließenden „Begrüßungsabend und Winzerfest" in der Halle eingeladen, mit Tanz und Kaltem Buffet. Mit einiger Phantasie angeschaut, erzählen die Schiffsspeisekarten ganze Geschichten von Dampferreisen, wie sie einmal waren.

Wer überquert denn heute noch auf einem Dampfer den Äquator? Von der „Antonio Delfino", dem ersten Passagier- und Frachtschiff der Hamburg-Süd nach dem Ersten Weltkrieg, ist eine Karte mit dem „Festprogramm anläßlich der Äquatortaufe" aus dem Jahre 1924 erhalten, auf der schon die Liste der „Festkommission" verrät, was für ein seltsam tolles Ereignis da gefeiert wurde: drei Ehrenpräsidenten, der Kapitän und zwei zweifellos höchst honorable Senores mit deutschen Nachnamen, neun (!) Präsidenten, drei Schatzmeister, zwei Sekretäre, eine Prämien-Kommission von sechs Damen, ein Vergnügungsausschuß von neun Herren und drei Schiedsrichter. Drei Tage, vor- und nachmittags, gab es Wettspiele wie: Kringelbeißen für Kinder, Apfelbeißen für Damen, Hindernis- und Zigarettenlaufen für Damen und Herren, Tauziehen und Nadeleinfädeln für Herren im Wettstreit mit Damen. Am dritten Tag: „Festessen verbunden mit Äquatortaufe und anschließendem Kostümfest. Die Herrschaften werden gebeten, schon bei Tisch kostümiert zu erscheinen."

*Parfum-Flacons mit KdF-Schiff „Wilhelm Gustloff" und einem Passagierschiff der „Monte"-Klasse.*

Und Weihnachten? Wen fern der Heimat heulendes Elend überkam, schluckte es auch auf Dampfern, die kein Grandhotel zur See waren, mit einem Essen hinunter, das sich an Land eine gutbürgerliche Familie nicht hätte leisten können. Auf der „Sierra Ventana" des Norddeutschen Lloyds, die nach Südamerika fuhr und auf dem Nordatlantik nur aushilfsweise eingesetzt wurde, gab es am Ersten Weihnachtsfeiertag 1929: „Beluga-Malossol Kaviar auf Eis", selbstverständlich, und „Gebratene junge Gans". Die Kapelle begleitete das Klappern der Bestecke mit der „Calif von Bagdad"-Ouvertüre von Boildieu („reiche, leicht flüssige Melodik") und Paraphrasen zu „O sole mio" (das man seit Carusos Zeiten kennt). Kaviar, aber keine Gans, dafür nach amerikanischem Geschmack „Gebratener Truthahn, Kalifornisches Pfirsichkompott" wurden am Weihnachtstag 1934 auf der „Columbus" serviert, dazu die höfliche Bitte, im Speisesaal nicht zu rauchen.

Das Besondere, das Elegante am Leben auf diesem Dampfer wurde auf manchen Speisekartenbildern suggeriert; mal in realistischen Szenen festgehalten: Ja, so charmant kann man sich kennenlernen; mal künstlerisch stilisiert: Der Steward im Frack schenkt der Art-déco-Schönen Champagner ein. Viele zeigten das Schiff in imposanter Fahrt und Größe – wie auch Fläschchen, Trinkgefäße, Aschenbecher und mancherlei andere Souvenirs. Und wenn die Speisekartenbilder nicht die Heimat priesen, machten sie Appetit auf Reisen in eine Ferne: Chinesische Dschunken, die noch an piratisches Abenteuer denken ließen, der indische

*Postkarten mit Schiffsmotiven der Deutschen Arbeitsfront, die das M. S. „Wilhelm Gustloff" und ein „Schulschiff der Handelsmarine" abbilden. Die vergleichsweise karge Menükarte der „Sierra Cordoba" zeigt, daß an Bord der KdF-Schiffe zwar nicht luxuriös wie auf den anderen Passagierschiffen, aber „handfest" gut gegessen wurde. Zu Zielen der von Robert Ley ins Leben gerufenen NS-Gemeinschaft „Kraft durch Freude" gehörten „Leistungssteigerung durch Urlaub und Entspannung, Hebung der Volksgesundheit, Aufwertung des deutschen Arbeiters ...". KdF wurde zum größten Urlaubsveranstalter der Welt. Die „Wilhelm Gustloff" sank 1945, vollbesetzt mit Flüchtlingen, nach einem Torpedotreffer in der Ostsee.*

## Dampfer „Sierra Cordoba"
## Urlauberfahrten zur See 1936
## der NS-Gemeinschaft
## „KRAFT DURCH FREUDE"

### Glasen . . .

„Glasen", nicht „Gläser", heißen die merkwürdigen Glockenzeichen, die Sie jetzt bei dem schönen Wetter auf den oberen Decks von der Brücke aus hören.

Der Dienst für das gesamte Deck- und Maschinenpersonal regelt sich zeitlich in „Wachen". Eine Wache dauert 4 Stunden, worauf Ablösung mit achtstündiger Ruhe erfolgt. Der Verlauf der Wache wird halbstündig durch Schläge mit der Schiffsglocke von der Brücke aus angezeigt. Ist der Ausguck im Vormast besetzt, so wiederholt der Ausguckmann das Zeitsignal mit der Mastglocke. Die Bezeichnung „Glasen" erklärt sich dadurch, daß früher, als es an Bord noch keine mechanischen Uhren gab, bei Ablauf einer halben Stunde eine Sanduhr umgedreht werden mußte.

Zeitvergleich:

| Bürgerliche Zeit | Schiffszeit | |
|---|---|---|
| 9.30 Uhr | 3 Glas | |
| 10.00 „ | 4 „ | |
| 10.30 „ | 5 „ | |
| 11.00 „ | 6 „ | |
| 11.30 „ | 7 „ | |
| 12.00 „ | 8 „ | Wachwechsel |
| 12.30 „ | 1 „ | |
| 13.00 „ | 2 „ | und so fort |

Zwei Glockenschläge werden zu einem Doppelschlag zusammengefaßt.

**FRÜHSTÜCK:**

Sago in Milch Haferschleim

–

Marmelade Butter Brötchen Brot

Kaffee Tee Kakao

**MITTAGESSEN:**

Königin Suppe

–

Gefüllte Rindsröllchen

Perlbohnen Petersilien-Kartoffeln

–

Apfel

–

Brötchen

**NACHMITTAGS:**

Kaffee Streuselkuchen

**ABENDESSEN:**

Marinierter Hering mit Pellkartoffeln, Specksauce

–

Cornedbeef

–

Brot Butter Tee

**22.00 Uhr:** Belegte Schnittchen

**DAMPFER „SIERRA CORDOBA"**

Mittwoch, den 25. März 1936

Elefant, geschmückt für einen Maharadscha, arabische Dhaus, neben denen der Dampfer um so mächtiger wirkte...die Welt der Schiffsspeisekarten war zuweilen orientalisch märchenhaft.

Die Lust am Reisen abseits des Linienverkehrs blieb beschränkt auf gelegentliche Vergnügungsfahrten. Sie wurden zum großen Teil von amerikanischen Reiseunternehmen ab New York organisiert. Die „Europa" fuhr von dort 1936 zu den Bermudas, die „Bremen" im Februar rund um Südamerika; sie machte noch einmal Schlagzeilen in amerikanischen Zeitungen: als das größte Schiff, das den Panamakanal passierte. Verschiedene Dampfer von Hapag, Norddeutschem Lloyd, Hamburg-Süd und Afrika-Linien gingen, wenn sie im Linienverkehr eine Pause hatten, auf Mittelmeer-, Ostsee- und besonders Nordlandfahrten. Nur dem Seetourismus dienten von 1928 an die „Reliance" und „Resolute" (19.725 BRT) der Hapag, Dreischornstein-Dampfer mit weiß gestrichenen Rümpfen. Viele ihrer Passagiere waren nach 1933 Amerikaner oder andere Ausländer; sie konnten so ihr in Deutschland infolge der strengen Devisenbewirtschaftung festliegendes Geld aufbrauchen. Als die „Reliance" nach Jahren wieder in Hamburg war, brannte sie 1938 im Hafen aus.

Der Begriff „Kreuzfahrt" war noch nicht erfunden. Das Wort, das auf keinem Werbeplakat fehlte, war „billig". 17 Tage Norwegen und Ostsee auf der „General Steuben" des Norddeutschen Lloyd kosteten 1937 rund 370 Mark. Für Arbeiter war das unerschwinglich. Daß in den fünf Jahren von 1934 bis 1939 dennoch 607.000 „Volksgenossen", wie sie angeredet wurden, die meisten mit einem Monatseinkommen unter 200 Mark, und 151.000 Ehefrauen auf Seereisen gehen konnten, ist eine bemerkenswerte Episode in der Geschichte der Schiffahrt. Das Regime, das 1933 an die Macht gelangt war und mit vehementer Propaganda „Volksgemeinschaft" predigte, hatte die NS-Gemeinschaft „Kraft durch Freude" gegründet, eine Unterorganisation der „Deutschen Arbeitsfront", die an die Stelle der zerschlagenen und verbotenen Gewerkschaften getreten war. „KdF" wurde des Schiffsreiseprogramms wegen ein populärer Begriff.

Die ersten KdF-Fahrten, fünf Tage zur Isle of Wight, wurden auf gecharterten Schiffen unternommen, „Monte Olivia" der Hamburg-Süd und „Dresden" des Norddeutschen Lloyd. Eine Beinahe-Katastrophe, als sich die „Dresden" auf der Fahrt zu Norwegens Fjorden ein Leck riß und sinkend auf Grund gesetzt werden mußte, tat dem KdF-Unternehmen keinen Abbruch; die 975 Passagiere und die Besatzung wurden gerettet. KdF-Fahrten führten auch nach Madeira, Teneriffa, Tripolis und anderen südlichen Zielen. Daß schließlich Gestapo-Spitzel mitreisten, ahnte niemand. Das Aufsehen, das mit den „Arbeiter"-Schiffen im Ausland erregt wurde, war groß. Die Passagiere waren in Zwei- und Vierbett-, einige Gruppen in größeren Kammern untergebracht. Das Essen war „wie zu Hause" und eher so, wie es dort an guten und nicht an allen Tagen auf den Tisch kam: Eisbein, Pichelsteiner Eintopf, mit Vor- und Nachspeise. Die „Sierra Cordoba" wurde dem Norddeutschen Lloyd abgekauft und für tausend Passagiere umgerüstet. Schließlich gab es sechs KdF-Schiffe. Zu Pfingsten 1939 holten sie in Kiellinie die Legion Condor ab, die im Spanischen Bürgerkrieg Franco zum Sieg verholfen hatte. Dann gingen sie wieder auf Reisen, bis das Regime, das mit ihnen Popularitätserfolg erzielt hatte, Deutschland in die Katastrophe stürzte. Die „Wilhelm Gustloff", mit Flüchtlingen überladen, wurde am 30. Januar 1945 von einem russischen U-Boot torpediert. Sie ging mit 5.200 Menschen unter.

Von den 131 deutschen Passagierschiffen im Überseedienst waren 1939 bei Kriegsausbruch 82 nicht in deutschen Häfen; 21, unter ihnen die „Bremen", konnten trotz Blockade heimkehren. Die Lichter der Passagierschiffahrt erloschen abermals.

▶
*Noch kurz vor dem Ausbruch des Zeiten Weltkrieges warb die Hamburg-Amerika-Linie mit Plakaten für eine Reise in die Neue Welt. Die vier Turbinenschiffe der „Albert Ballin"-Klasse waren zwar nicht die spektakulärsten Liner im Atlantik-Dienst, galten aber als sehr komfortabel.*

Jetzt
ganz billige
Besuchsfahrten
nach
New York
Im April, Juni und Juli 1939
können Sie in der
Dritten Klasse für $ 157 (RM.392.50)
Touristenklasse für $ 199 (RM 497.50)
die ganze Rundreise zur See machen
Lassen Sie sich bitte hier beraten und verlangen
Sie den Prospekt. Das verpflichtet Sie zu nichts
ES REIST SICH GUT
MIT DEN SCHIFFEN DER
HAMBURG-AMERIKA LINIE
HAPAG
HAMBURG-AMERIKA LINIE

# Die Kriegsmarine

**Im Zweiten Weltkrieg waren Lebensmittel knapp. Doch in der Versorgung der Marine wurde nicht gespart. Die Marineführung hatte eine Lehre aus dem Matrosenaufstand von 1917 gezogen.**

Es gab Pferd. Die Steaks waren schön groß, aber „zäh“ wäre für ihren Zustand ein sehr schwächliches Wort gewesen. Das sagte auch keiner. Der Chef kaute vorbildlich voran, denn sich beim Essen über das Essen zu beklagen ist ungehörig. Bis ein Leutnant stöhnte: „Ich glaub', ich habe 'nen Stück vom Sattel erwischt.“ Ob die Geschichte von diesem „Gastmahl“ wahr oder ungefähr wahr oder Garn ist, mag dahingestellt sein. Sie stimmt als Hinweis darauf, daß der Appetit auf „was anderes“ als die Bordverpflegung im Kriege groß war und vieles „organisiert“ wurde, was prompt schiefging.

Die Verpflegung an Bord war fast immer besser als an Land. Denn an Land wurden die Lebensmittel strikt rationiert. Gehungert wurde in Deutschland erst nach der Kapitulation.

Im Ersten Weltkrieg war die Situation anders. Im „Steckrübenwinter“ 1916/17 mußte vor allem die Bevölkerung im blokkierten Deutschland aus der Hungersnot herausgeholfen werden. Auch für die Hochseeflotte wurde die Verpflegung immer schlechter. Auf ihren „Dickschiffen“, den Linienschiffen und schweren Schlachtkreuzern, die nach der Skagerrakschlacht, 1916, untätig auf Reede vor Wilhelmshaven lagen, herrschte schlechte Stimmung. Die Schiffe waren schwimmende Kasernen mit rund tausend Mann auf engstem Raum. Das Land war in Sicht, aber Urlaub wurde selten erteilt. Gekocht wurde in drei Küchen: eine für Offiziere, eine für Deckoffiziere und eine für Mannschaften. Verantwortlich für die Verpflegung waren gemeinsam der Kommandant, der Erste Offizier und der Schiffsarzt. Im Frühjahr 1917 erstritten Matrosen und Heizer, unterstützt von der Reichstagsmehrheit, eine Beteiligung an den „Menagekommissionen“. Qualität und Sättigungsgehalt des Essens ließen sich nicht bessern. Der Unmut wuchs, als die Brotrationen gekürzt wurden. Brot war für den Seemann allgemein der wichtigste Sattmacher. Arroganz, mit der junge, unerfahrene Offiziere altgediente Mannschaften behandelten, untergründige politische Agitation und die Untätigkeit bewirkten ein Übriges. Die Verpflegungsmisere war der Auslöser der Meutereien, die im Sommer 1917 in der Hochseeflotte ausbrachen. Sie waren die Vorboten der Revolution von 1918.

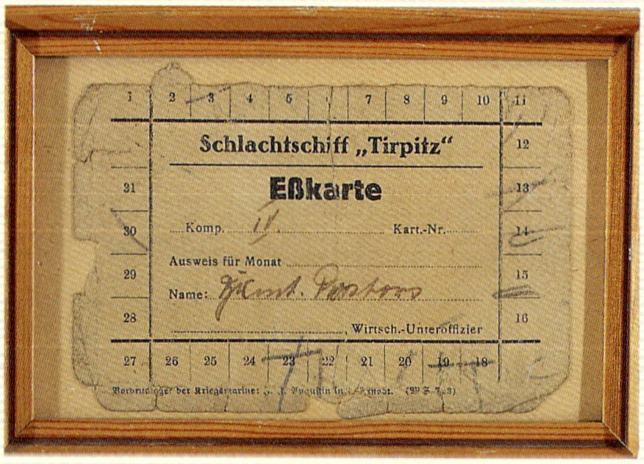


*Eßkarte für Besatzungsangehörige des – neben der „Bismarck“ – größten deutschen Schlachschiffes, „Tirpitz“. Sie sank nach Bombenangriffen 1944 vor Tromsø.*

Ein Beispiel, wie psychologische Probleme an Bord auch unter schwierigsten Umständen zu bewältigen sind, bot Kapitän z.S. Bernhard Rogge als Kommandant des Hilfskreuzers „Atlantis“. Hilfskreuzer waren umgerüstete, stark bewaffnete Frachtschiffe. Die „Atlantis“, die sich mit Tarnbauten an Deck und verschiedenen Anstrichen ein wechselndes Aussehen zulegte, ging im März 1940 von Kiel aus in

251

**Speisezettel**

**für die Zeit vom 26. - 31. März 1941.**

| | | |
|---|---|---|
| Dienstag | morgens: | Haferflockensuppe mit Milch, Kaffee, Brot, Butter |
| | mittags: | Weiße und grüne Bohnen mit Rindfleisch, Obst |
| | abends : | Tee, Brot, Butter, Zungenwurst, Schmelzkäse |
| Mittwoch | morgens: | Kaffee, Brot, Leberwurst, Marmelade |
| | mittags: | Suppe, Königsberger Klops, Kartoffeln, Rote Beete, |
| | abends : | Nudelsuppe, mit Rindfleisch, Kaffee, Brot, Butter |
| Donnerstag | morgens: | Brotsuppe mit Milch, Kaffee, Brot, Butter |
| | mittags: | Rinderbraten mit Salzkartoffel und Schmorkohl |
| | abends : | Tee, Brot, Butter, Mettwurst, Ölsardinen |
| Freitag | morgens: | Kaffee, Brot, Butter, Leberwurst |
| | mittags: | Suppe, Labskaus mit Mar. Hering, Äpfel |
| | abends : | Milchreis mit Zucker und Zimmt, Knacker, Kaffee, Brot, Butter, |
| Sonnabend | morgens: | Rührei mit Speck, Kaffee, Brot, Butter |
| | mittags: | Leipziger Allerlei mit Schweinefleisch |
| | abends : | Tee, Brot, Butter, Gruda Käse und Schweinenacken |
| Sonntag | morgens: | Kaffee, Brot, Butter, Braunschweiger |
| | mittags: | Suppe, Karbonade, Kartoffeln, Krautsalat, Pudding |
| | abends : | Kaffee, Brot, Butter, gek. Schinken, Dauerwurst |

Gesehen!

Der Kommandant.

gez. Rogge

Kapitän zur See

Notwendige Änderungen vorbehalten!

Der Verpflegungsausschuß:

| | | |
|---|---|---|
| gez. Kühn | gez. Dr. Reil | gez.Dr.Lorenzen |
| Kaptlt.u. I. O. | Mar.Stbs.Arzt | Korv. Kapt. (V) |

*Wöchentlicher Speisezettel des deutschen Hilfskreuzers „Atlantis" (Schiff 16).*
*Die oberen vier Bilder zeigen den Hilfskreuzer in verschiedenen Tarnungsformen.*

Fahrt. Einen Hafen sah sie nicht wieder, nur einsame Inseln. Sie legte im Atlantik, Indischen Ozean und Pazifik eine Fahrtstrecke zurück, die dem vierfachen Erdumfang entsprach. Heizöl und Proviant wurden aus Ladungen und Vorräten gekaperter Frachter und Versorgerschiffe ergänzt. Die „Atlantis"war 655 Tage ununterbrochen auf See, bis sie auf dem Rückmarsch im Atlantik von einem britischen Kreuzer entdeckt und versenkt wurde. Ihre Besatzung nahmen deutsche und italienische U-Boote auf.

*„Muck" nennt man in der Marine ein großes Trinkgefäß für Tee und Kaffee. Diese Muck erinnert an das Weihnachtsfest einer deutschen Marineabteilung in Rotterdam.*

Bernhard Rogge praktizierte „innere Führung" schon, bevor sie in der Bundeswehr erfunden war. So wurde zum Beispiel Urlaub an Bord erteilt. Wer ein Pappschild mit der Aufschrift „Urlauber" auf dem Rücken trug, wurde von keinem Vorgesetzten behelligt und hatte den ganzen Tag dienstfrei – Alarme ausgenommen. Auf den wenigen deutschen „Dickschiffen" konnte Untätigkeit, wie sie im Ersten Weltkrieg die Stimmung in der Hochseeflotte drückte, schon deshalb nicht aufkommen, weil der Seekrieg sein Gesicht entscheidend verändert hatte. Jederzeit drohten Fliegerangriffe. Britische Kleinst-U-Boote brachen zum Beispiel im September 1943 der „Tirpitz", dem letzten deutschen Schlachtschiff, sozusagen das Rückgrat. Sie konnten die Netzsperren am Liegeplatz des 52.000-Tonnen-Kolosses umgehen und Sprengladungen mit Zeitzünder anbringen. Die Detonation beschädigte den Kiel der „Tirpitz" so schwer, daß sie für Einsätze nicht mehr fähig war. Sie wurde nach Tromsö verlegt, wo sie im November 1944 ihr Ende fand: getroffen von schweren Fliegerbomben, gekentert, mit 1.204 Toten. Eine kleine Anzahl Besatzungsmitglieder wurde aus den untersten Räumen des Schiffes geborgen, nachdem mit Schweißbrennern Löcher in den Rumpf geschnitten waren.

Der Routinedienst auf großen Kriegsschiffen war in allen Marinen der Welt von Traditionen aus der Nelson-Ära beeinflußt. Die Gebräuche auf den Segellinienschiffen hatten sich vielfach als zeitlos zweckmäßig erwiesen, vor allem auch, was Essen und Trinken angeht. Gegessen wurde in Backschaften, Gruppen von etwa einem Dutzend Mann.

„Backen und Banken" lautete der Befehl, der durch Lautsprecher, dazu in einer bestimmten Folge von Pfiffen und Trillern mit der Bootsmannsmaatenpfeife gegeben wurde. „Backen und Banken" heißt: die sonst zusammen- und weggeklappten, an der Decke aufgehängten Tische und Bänke im Wohndeck aufzustellen. Noch angenehmer klang in den Ohren des Seemanns ein anderer Befehl mit Pfiff: „Besanschot an!" Ein Segelmanöver ist damit nicht gemeint. Es heißt: „Alle Mann Schnaps empfangen!" An heißen Tagen war „Kujambelwasser" (Limonade) ein beliebtes Getränk. Starken Kaffee gab es für die Brückenwache, eingeschenkt in Kummen, schüsselgroßen Tassen.

Daß sich die schwierigsten Verpflegungsprobleme auf den U-Booten stellten, läßt sich leicht denken: die Mini-Kombüse für mehr als 50 Mann, der Mangel an Stauraum für die Mengen des Proviants, der vor dem Auslaufen übernommen wurde, die Feuchtigkeit im Boot. Alles, was nicht in Dosen verschlossen war, schimmelte schnell. Versorgt wurden die U-Boote perfekt, aber das Brot aus Dosen zerkrümelte zwischen den Fingern. Lieber wurde der Rest von Brotlaiben gegessen, der nach dem täglichen Abschneiden der verschimmelten Schichten noch übrig war. Doch das war die geringste Sorge.

„Das Essen wurde eigentlich hingenommen, wie es war", erinnern sich alte U-Bootfahrer, „aber in der äußersten Nervenanspannung in kritischen Stunden und Tagen fielen wir vom Fleische."

Gegessen wurde wie in den Anfängen der Seefahrt, um zu überleben.

*Der „Smutje“, in der Marine einfach nur Smut genannt, in der engen Kombüse des deutschen U-Bootes U-333. Wie so viele Boote hat auch dieses den Krieg nicht überlebt.*

RMS 'CARONIA'
Cunard Line
UNION CASTLE
Line
Cunard

# Ende einer Ära

**Der Donner des Weltkrieges war kaum verklungen, da klirrten wieder Champagner-Gläser in der Bordbar der Luxus-Liner. Doch die Zeit der Passagierschiffahrt neigte sich unwiederbringlich ihrem Ende zu.**

Bevor die Luxus-Liner wieder seriöses Schwarz anlegten, ihren Ausgehanzug mit den blendend weißen Decks anzogen, trugen sie noch eine Weile das Arbeitsgrau der Truppentransporter. An vielgängige Dinners in prächtigen Speisesälen war kein Gedanke. In England pochte der Schatzkanzler auf „austerity", auf strenge Einfachheit in Essen und Kleidung und, wofür „austerity" auch in anderen Ländern zum Schlagwort wurde, in jeglicher Lebensart. Die Welt war noch mehr verarmt als nach dem Ersten Weltkrieg.

Vier der berühmtesten Luxus-Liner waren für immer von der Bildfläche des Nordatlantiks verschwunden. Die „Bremen", die mit der „Europa", beide in Tarnanstrich, in Bremerhaven an der Columbuskaje lag, brannte im März 1941 vollständig aus. Das Wrack wurde verschrottet. Das Feuer hatte ein Schiffsjunge gelegt, der sich für eine Ohrfeige rächen wollte. Er wurde hingerichtet; doch ob er wahrhaft der Schuldige war oder nur zum Sündenbock gemacht wurde, ist eine nicht mit Sicherheit geklärte Frage. Vom Feuer zerstört und verschrottet wurde auch die „Normandie". Seinen Namen hatte Frankreichs „Lichterschiff", so eines der vielen auf ihn gemünzten Eloge-Worte, bereits vorher verloren. Die US-Navy hatte es erworben und auf „Lafayette" umgetauft. Beim Umbau zum Truppentransport geriet es im Februar 1942 in New York in Brand. Starker Wind fachte das Feuer an. Topplastig vom tonnenweise in die Oberdecks gepumpten Löschwasser kenterte das Schiff.

Die italienische „Rex", die einmal das Blaue Band erwarb, und die „Conte di Savoia", gerühmt als besonders schönes Schiff, wurden 1944 bei Triest und Venedig von britischen Bombern versenkt, auf flachem Wasser, so daß sie später verschrottet werden konnten.

Die beiden größten Schiffe der Welt, „Queen Mary" und die 1940 sogleich als Truppentransporter in Dienst gestellte „Queen Elizabeth", hatten im Kriege ganze Divisionen von Amerika nach Europa gekarrt, in schnellen Alleinfahrten, von U-Booten nicht abzufangen. Jetzt war der Rücktransport der GI's zu bewältigen. Insgesamt 1,243 Millionen „Militärpersonen" hatten die beiden Schiffe schließlich transportiert.

Auch die „Europa" wurde kurz nach Kriegsschluß von den Amerikanern als Truppentransporter eingesetzt und dann an Frankreich übergeben. Die Renovierungsarbeiten verzögerten sich, weil dabei auch auf ihr Feuer ausbrach. Ein Großbrand verwüstete die Passagierdecks, wie 20 Jahre vorher am Ausrüstungskai in Hamburg, weshalb ihre Jungfernreise verschoben wurde. Unter dem Namen

◄

*Als die „Queen Elizabeth" nach dem Kriegseinsatz als Truppentransporter den Atlantik-Dienst wieder aufnahm, trug sie auch wieder die alten Farben, schwarzer Rumpf, weiße Aufbauten, roter Schornstein. Die „Caronia" von Cunard hingegen, als Kreuzfahrer eingesetzt, glänzte in vier Farben Grün und bekam daher den Spitznamen „The Green Goddess". Lila zeigte sich die „Sterling Castle" der Union Castle-Linie. Sie versah den Liniendienst zwischen England und Südafrika.*

„Liberté“ nahm sie 1950 von Le Havre aus den Liniendienst nach New York wieder auf.

In England war 1946 die „Queen Elizabeth“ als erster der großen Cunard-Dampfer aus dem Kriegsdienst entlassen worden. Noch im selben Jahr ging sie als Luxus-Liner auf die Spätjungfernreise. Im Jahr darauf folgte ihr die „Queen Mary“. Die Cunard-Liner waren „wie gehabt“: schwimmendes Old-England, eine Prise Modernismus im Einrichtungsstil als Zutat, von „austerity“ nur ein Hauch. Reisende von ranghoher Prominenz durften sich sicher sein, nie angestarrt zu werden. Niemand wurde von den Stewards mit Namen angesprochen. Sie zuckten nicht mit der Wimper, wenn der Gast mißgelaunt auf der Speisekarte rein gar nichts finden wollte, was seinen hoch- oder tiefgestapelten Ansprüchen genügte. Die Kabinenstewards legten das Smokinghemd unaufgefordert parat, mit eingeknöpften Kragen- und Manschettenknöpfen. Die „boots“ hießen bündig die Bediensteten, die nachts die vor die Kabinentür gestellten Schuhe wienerten. „Tiger“ war der Steward, der diskret für die Verbindung zwischen besonders wichtigen Passagieren und dem Kapitän hielt. Das Personal, Männer wie Frauen, kam größtenteils aus Southamptoner Familien, die seit Generationen auf luxuriösen Schiffen arbeiteten, „Cunard-Yankees“ genannt. Englische Passagiere bevorzugten ohnehin englische Schiffe. Auf der „Queen Mary“ fuhr aber auch die Nomenklatura der sowjetischen Diplomatie. Auf dem Wege zur Konferenz im Sicherheitsrat der Vereinten Nationen in New York ließen sich Außenminister und Botschafter am Ruder der „Queen Mary“ sogar fotografieren.

„Das prunkvollste Schiff, das es derzeit gibt“, urteilte König Georg VI. über die „Queen Mary“. Er war, bevor er 1936 den Thron bestieg (weil sein älterer Bruder Edward abdankte, um die geschiedene Amerikanerin Mrs. Simpson heiraten zu können), Seeoffizier gewesen, Teilnehmer der Skagerrakschlacht, und hatte vielleicht nur „prächtig“ gemeint. Mit Prunk jedenfalls protzten Cunard-Schiffe nicht. „Zuviel Hotel“ sollte ihnen nicht anzusehen, vielmehr sollten sie „Schiff“ sein, natürlich ein ganz außerordentliches. Die Cunard-Line legte Wert auf „Dampfer-Architektur“ mit blank geputztem Messing und allem anderen, was keiner besonderen Erklärung bedarf, weil es heute noch in der Atmosphäre einiger großer Hotels zu spüren ist. Denn als die große Zeit des Passagierverkehrs angebrochen war, wollten in Umkehrung der Curnard-Prämisse luxuriöse Herbergen in den Ausgangshafenstädten „mehr Schiff“ sein. Das „Atlantic“ in Hamburg war ein bekanntes Beispiel für „Dampferhotels“ und ist das ein bißchen immer noch, auch wenn niemand mehr, angereist mit dem Expreßzug, Station macht, um sich schon im Hotel auf das Schiff und seinen Luxus einzustimmen. Dampfer-Atmosphäre verheißt nach wie vor Geborgenheit.

In den ersten Jahren nach dem Kriege war der Flug über den Atlantik, letzter Absprung in Europa in Shannon, Irland, womöglich Zwischenlandung auf Neufundland, noch eine leicht abenteuerliche Angelegenheit und auch kein enorm Zeit sparendes Unternehmen. Wer konnte, nahm wieder den Liner; doch die Passagiere waren

*Baron Münchhausen auf dem Sektkorken. Gala-Diner-Karte der Home-Lines, 1950.*

*Ein fröhlicher Ball zum Abschied, mit Konfetti-Schlangen und Tanzvergnügen. Bei solchen Veranstaltungen war die Teilnahme des Kapitäns Pflicht. Karte von der „Homeric", 1950.*

*Mit Polen und der Sowjetunion beteiligten sich nach dem Krieg neue Nationen am Transatlantik-Dienst. Menü-Karten der „Batory" der Polish-Ocean-Lines mit Märchen- und Folklore-Motiven. Die Holland-Amerika-Linie zeigt Schloß Ruurlo auf der Karte für den Kapitän.*

nicht mehr ganz das, was sie vor dem Kriege oder gar in der nun fernen Zeit vor 1914 gewesen waren.

Ohne Hochnäsigkeit betrachtet, konnte das in einer Welt, in der die Kontenstände abermals gesunken waren und die ihren Goldstandard längst eingebüßt hatte, auch gar nicht anders sein. Der Geldadel war weggetreten, der Spesenadel trat an. Gewiß nicht hochnäsig, bloß leidgeprüft schon in besseren Vorkriegsjahren, antwortete der Kapitän der „Queen Mary", als sie 1946 zum ersten Male als Luxus-Liner Kurs gen New York nahm, auf die Reporterfrage, ob er froh darüber sei: „Ja, schon, aber auch wieder nicht. Bomben und Torpedos gibt es nun nicht mehr, dafür aber Passagiere." Der Kapitän, der das Schiff schon geführt hatte, als es in jeder Herüberfahrt zehntausend Mann und mehr Truppen transportierte, war James Bisset, 62 Jahre alt, Kommodore der Cunard-Line. Kurz darauf wurde er von der juristischen Fakultät der Universität Cambridge zum Ehrendoktor ernannt, der einzige Seemann, der so ausgezeichnet wurde.

Emigranten, Remigranten, displaced persons, die lieber in anderen Ländern Heimat finden wollten als in jenen, aus denen sie verschleppt worden waren, Heimkehrer aus Kolonien, in denen der Selbständigkeitsdrang Überdruck erreichte, Bräute für Amerika, Amerikaner auf der Suche nach verlorenen Geschäftsbeziehungen in Europa... die Nachfrage nach Passageplätzen in allen Klassen konnten Luxus-Liner nicht befriedigen. Kleinere, schlichtere Schiffe unter Flaggen,

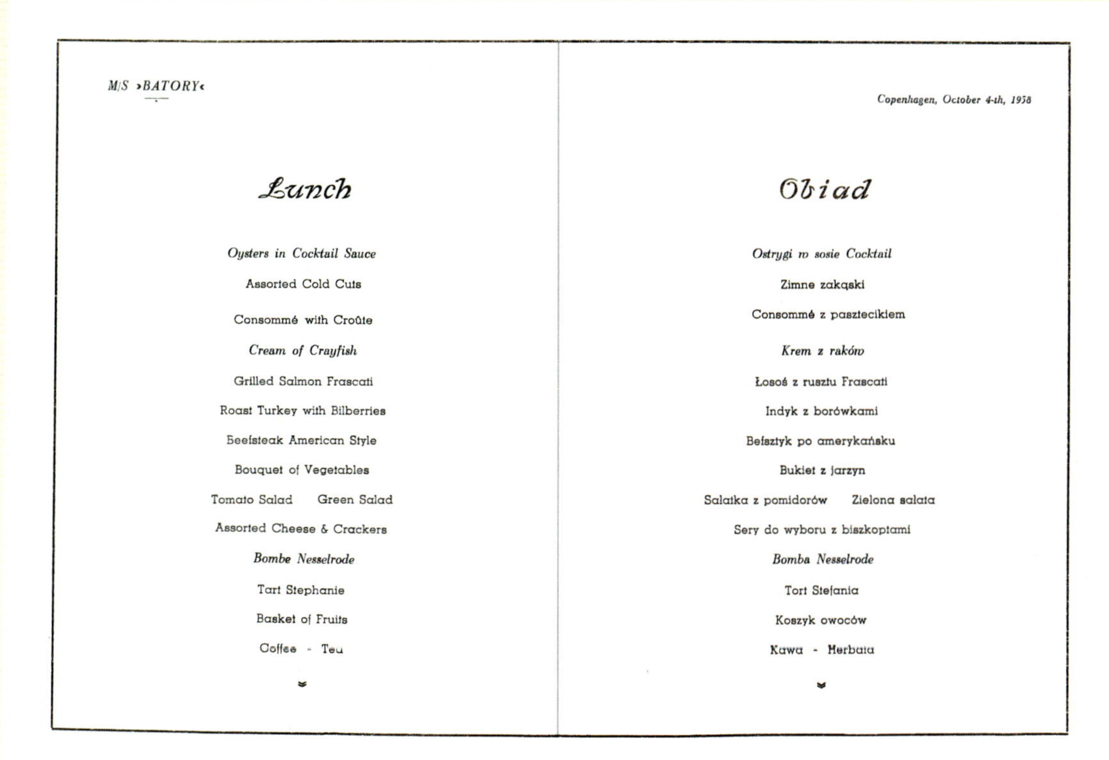

M/S »BATORY«

Copenhagen, October 4-th, 1958

**Lunch**

*Oysters in Cocktail Sauce*

Assorted Cold Cuts

Consommé with Croûte

*Cream of Crayfish*

Grilled Salmon Frascati

Roast Turkey with Bilberries

Beefsteak American Style

Bouquet of Vegetables

Tomato Salad Green Salad

Assorted Cheese & Crackers

*Bombe Nesselrode*

Tart Stephanie

Basket of Fruits

Coffee - Tea

**Obiad**

*Ostrygi w sosie Cocktail*

Zimne zakąski

Consommé z pasztecikiem

*Krem z raków*

Łosoś z rusztu Frascati

Indyk z borówkami

Befsztyk po amerykańsku

Bukiet z jarzyn

Sałatka z pomidorów Zielona sałata

Sery do wyboru z biszkoptami

*Bomba Nesselrode*

Tort Stefania

Koszyk owoców

Kawa - Herbata

*In Englisch und Polnisch wurde die Lunch-Karte am 4. Oktober 1958 an Bord der „Batory" beim Aufenthalt in Kopenhagen herausgegeben. Die Holland-Amerika-Linie zeigt auf dem Umschlag ihrer Menü-Karte die groben Umrisse der Provinz Seeland, bevor sie zum Schutz gegen Sturmfluten eingepoldert wurde.*

die im Passagierverkehr vorher kaum gesehen wurden, Polen zum Beispiel, wie die „Batory", Russen wie „Michael Lermontow" und „Alexander Puschkin" nahmen Fahrt auf, blieben im Liniendienst noch bis weit in die 70er Jahre, die meisten mit Dieselantrieb. Der rationelle Motor machte der Dampfturbine immer stärker Konkurrenz.

Mit Volldampf jedoch rauschte die „United States" heran, der Liner aus Amerika, dessen Luxus sich in Grenzen hielt. Was wie Edelholz aussah, entpuppte sich bei genauem Hinsehen als Kunststoff. Für ihre Reederei waren die Plastikprodukte keine Mängel. Sie rühmte die Feuersicherheit des Schiffes und vermeldete stolz: das einzige Holz an Bord seien der Flügel und das Brett des Schlachters. Als die „United States" auf Kiel gelegt wurde, verhielten die Amerikaner sich wortkarg. Von der Regierung finanziert, war sie von vornherein auch als Truppentransporter für 14.000 Mann konzipiert. Mrs. Truman, die Frau des Präsidenten, taufte das Schiff, das nicht vom Stapel lief, sondern im Baudock aufschwamm. Seine Maße waren so gehalten, daß es in die Schleusen des Panamakanals hineinpaßte. Es war kleiner als die Cunard-"Queens", aber viel schneller. Ausgebucht, mit 882 Passagieren in der Ersten, 525 in der Zweiten, als Kabinenklasse deklariert, und 555 in der Touristenklasse, ging sie am 3. Juli 1952 auf Jungfernreise und Rekordfahrt. Nach drei Tagen, zehn Stunden und 40 Minuten, gezählt ab Ambrose-Feuerschiff, passierte sie den Bishop's Rock-Leuchtturm: 35,59 Knoten Durchschnittsgeschwindigkeit. Auf der Rückreise lief sie

| | Port. | Price doll. |
|---|---|---|
| Seagram's Seven Crown, Joseph E. Seagram and Sons. | 1oz | 0.35 |
| Jack Daniel, Black Label, Brown Forman Dist. Corp. | 1oz | 035 |
| Four Roses | 1oz | 0.35 |

**GINS**

| | | |
|---|---|---|
| Pimms cup No. 1 Gin Sling | 1oz | 0.30 |
| Booth's London Dry Gin | 1oz | 0.30 |
| Burrough's Beefeater London Dry Gin | 1oz | 0.30 |
| Gordon Dry London Gin | 1oz | 0.30 |

**CHAMPAGNES**

| | | |
|---|---|---|
| Soviet Champagne, dry | 7oz | 2.00 |
| Soviet Champagne, halfsweet | 7oz | 2.00 |
| Soviet Champagne, muskat | 7oz | 2.00 |
| Laurent Perrier Rose, brut | 7oz | 2.50 |
| G.H. Mumm and Co Cordon Rouge, brut | 7oz | 2.50 |
| Heidsieck and Co Monopole "Red Top", dry | 7oz | 2.50 |
| Moet and Chandon, brut Impèrial | 7oz | 2.50 |
| Henkel Trocken Pickolo dry | 7oz | 2.00 |
| Schloss Rheiberg dry | 7oz | 2.00 |

**WINES**

| | | |
|---|---|---|
| Fetiaska | 7oz | 0.70 |
| Tchumai | 7oz | 0.70 |
| Gurdzhiani | 7oz | 0.70 |
| Tsinandali | 7oz | 0.70 |
| Naperauli | 7oz | 0.70 |
| Aligote | 7oz | 0.70 |
| 1970 Haut Sauternes a.c. | 7oz | 0.90 |
| 1971 Cave de la Dîme | 7oz | 0.80 |
| 1969 Tritt… ling | 7oz | 1.00 |
| 197… | 7oz | 0.90 |
| 197… esling | | |
| Spä… | 7oz | 0.80 |
| 196… ling | 7oz | 1.00 |
| 197… esling | | |

| | Port. | Price doll. |
|---|---|---|
| Spätlese | 7oz | 0.80 |
| 1969 Neiderrimsinger Spätburgunder | 7oz | 1.00 |

**BEER**

| | Botttle | Price doll. |
|---|---|---|
| Czechoslovak beer | 1 | 0.50 |
| Elbschloß Ratsherrn Pils | 1 | 0.50 |
| Holsten Export | 1 | 0.50 |
| Holsten Diät — Pils | 1 | 0.50 |
| Löwenbrau Export | 1 | 0.50 |
| Pilsner Urquell | 1 | 0.50 |
| Carlsberg | 1 | 0.50 |
| American beer | 1 | 0.50 |
| Radeberger | 1 | 0.50 |
| Beck's Beer | 1 | 0.50 |

**SOFT DRINKS**

| | | |
|---|---|---|
| Perié | 1 | 0.30 |
| Club Soda | 1 | 0.30 |
| Ginger Ale | 1 | 0.30 |
| Bitter Lemon | 1 | 0.30 |
| Cola | 1 | 0.30 |
| 7 Up | 1 | 0.30 |
| Tonic Water | 1 | 0.30 |
| Grapefruit tonic | 1 | 0.30 |
| Borjomi | 1 | 0.40 |
| Vichy | 1 | 0.80 |
| Pineapple juice | 1 | 0.25 |
| Orange juice | 1 | 0.25 |
| Grapefruit juice | | 0.25 |
| Tomato juice | | 0.25 |
| Apple juice | | 0.25 |
| Cherry juice | | 0.25 |

**TEA — COFFEE — INFUSIONS**

| | Port. | Price doll. |
|---|---|---|
| English tea, "Saloon tea" | | 0.20 |

5



*Es waren nicht nur die günstigen Preise, wie sie auf der Barliste angegeben sind, die die „Hanseatic" so ungewöhnlich erfolgreich machten. Der Kabinennachfrage für die „schöne Hamburgerin", die erstmals 1958 unter dem Signet der Deutschen Atlantik-Linie in See ging, konnte kaum befriedigt werden. Das Vergnügen war nur kurz. 1966 brannte der Atlantik-Liner im Hafen von New York aus*

durchschnittlich 34,51 Knoten. Amerika hatte das Blaue Band.

Die Trophäe, die mittlerweile dazugehörte, wurde ein paar Wochen später Kapitän und Reederei vom englischen Herzog von Sutherland überreicht. Der britische Parlamentsabgeordnete Harold Hales hatte sie gestiftet, als Italiens „Rex" 1933 das Blaue Band auf der „Sonnenroute", gemessen ab Gibraltar, gewann. Fertiggestellt vom Silberschmied war sie erst 1935, als „Rex" von der „Normandie" entthront wurde. Als sie im Jahr darauf der „Queen Mary" zustand, lehnte die Cunard-Direktion den scheußlich kitschigen Riesenpokal ab; er stand dann bei einem Juwelier herum. Die „United States" brauchte ihn nie weiterzureichen. Sie hätte noch schneller fahren können, wurde glaubhaft behauptet. Ihre Geschwindigkeit konnte kein anderer Liner erreichen, wollte auch keiner. So unrationelles, kostspieliges Fahren im Zerstörertempo konnte sich nur leisten, wer genügend Regierungsgeld im Rücken hatte. Die „United States", von amerikanischen Passagieren hochgeschätzt, fuhr noch 17 Jahre, und da war jedes Interesse am Blauen Band im Winde verweht.

Den Deutschen war nach dem Zweiten Weltkrieg, wie nach dem Ersten, die Seeschiffahrt zunächst einmal untersagt worden. Was nicht versenkt oder zerbombt war, mußte ausgeliefert werden: 446 Schiffe mit rund 1,25 Millionen BRT, davon 138 an die Sowjetunion und 123 an England, die anderen an Norwegen, die Niederlande, Polen, Belgien, die USA, Frankreich, Dänemark und Jugoslawien. Neubauten sollten das Küstenmotorschiffmaß von 1500 BRT nicht überschreiten, aber keinen Motor-, sondern altertümlichen Dampfantrieb haben. Sie sollten nicht schneller als zwölf Knoten sein und nicht mehr als 2.000 Seemeilen Aktionsradius haben.

In zähen Verhandlungen, von 1949 an erleichtert, weil sich in diesem Jahr die Bundesrepublik Deutschland konstituierte, wurden die Restriktionen nach und nach abgeschafft. 1948 richtete die Hapag einen Seebäderdienst nach Sylt ein.

Die Hamburg-Süd nahm ihre alten Aktivitäten auf und stellte von 1952 bis 1953 sechs Motorschiffe nun nicht mehr einer „Monte-", sondern der „Santa"-Klasse in Dienst, Frachter mit Räumen für 24 bzw.12 Passagiere. Kabinen, Speisesaal, Rauchsalon, Bar waren sichtlich als Erste Klasse eingerichtet und nicht in Nierentisch-, Tütchenlampen-Innenarchitektur, die damals Mode war. Obwohl eigentlich Frachtschiffe, wurden sie von den Behörden doch als Fahrgastschiffe

*Unvergessen von allen die an Bord waren: die 205 Meter lange „Hanseatic" (30.029 BRT, 1.055 Passagiere). Der Däne Axel Bitsch-Christensen hatte Hamburg zu seinem letzten großen Passagierschiff verholfen.*

*1955, auf Karten der holländischen „Veendam“: der Mythos von Freiheit und Abenteuer der Cowboys und Gauchos. Auf der „Hanseatic“ wählt man ein maritim-hamburgisches Motiv.*

eingestuft, sowohl was die Konstruktion als auch die sicherheitstechnischen Ansprüche der 10.000 Tonner betrifft. Auch die ständige Anwesenheit eines Arztes an Bord war Vorschrift. Das rechnete sich nicht für die Reederei.

Anfang der 60er Jahre schaffte die Hamburg-Süd mit dem Bau von vier neuen Südamerika-Kombischiffen der „Cap San“-Reihe eine kleine Sensation. Die Schiffe waren ungewöhnlich schnittig, fast yachtmäßig elegant, das Ergebnis umfangreicher Modellschleppversuche und: in ihrer flachen Silhouette fehlte ein Schornstein. Der sensationelle Entwurf stammte vom Hausarchitekten der Hamburg-Süd, Prof. Caesar Pinnau. Der renommierte Architekt, der schon durch den Innenausbau der Berliner Reichskanzlei berühmt geworden war, hatte zuvor schon die Yachten der griechischen Reeder Onassis und Niarchos entworfen. Die Pinnau-Schiffe sind fraglos die elegantesten Fracht-/Passagierschiffe geworden, die es jemals gab. Sie wurden als „Schwäne des Südatlantik“ bezeichnet. Das letzte, die 1962 gebaute „Cap San Diego“ konnte vor dem Verschrotten gerettet werden und liegt heute als Museumsschiff, nach wie vor vollkommen fahrtüchtig, nahe der Überseebrücke im Hamburger Hafen.

Die Menükarte für die 12 Passagiere an Bord der „Cap San“-Schiffe unterschied sich nicht wesentlich vom Luxusangebot auf reinen Passagierschiffen. Offiziere und Mannschaft hatten – gemeinsam – einen eigenen Speiseplan. Ein normaler Speiseplan für die Besatzung sah 1965 etwa so aus:

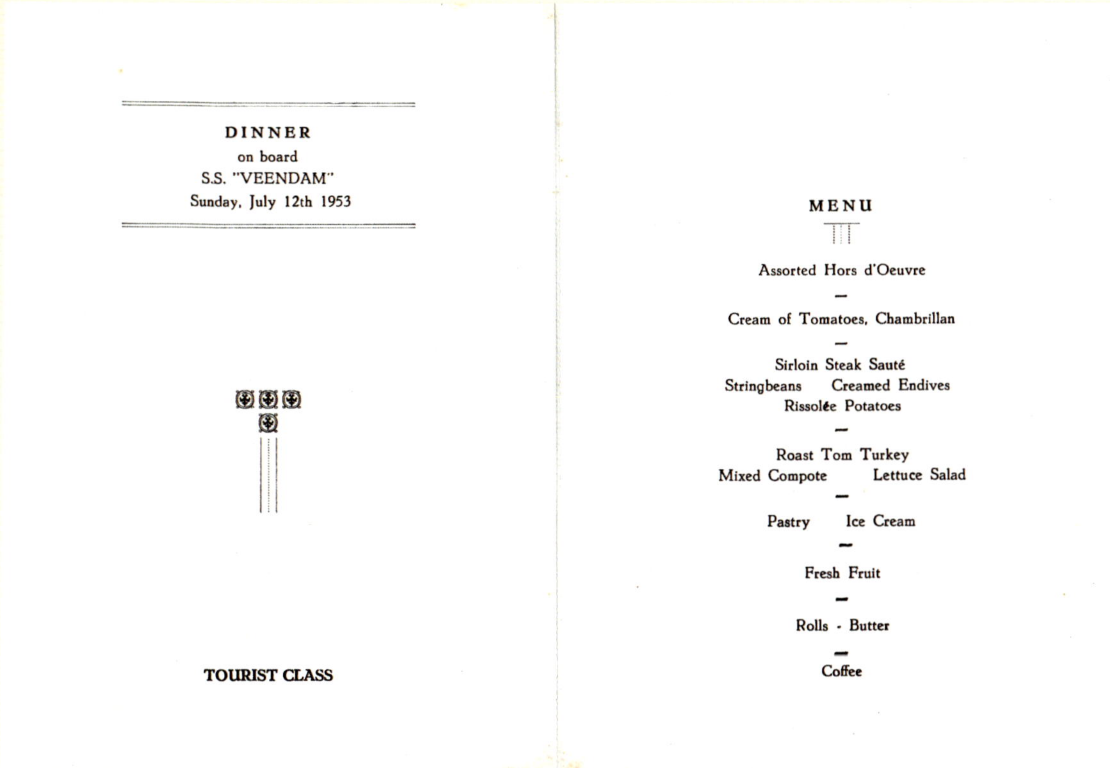

DINNER
on board
S.S. "VEENDAM"
Sunday, July 12th 1953

TOURIST CLASS

MENU

Assorted Hors d'Oeuvre

—

Cream of Tomatoes, Chambrillan

—

Sirloin Steak Sauté
Stringbeans Creamed Endives
Rissolée Potatoes

—

Roast Tom Turkey
Mixed Compote Lettuce Salad

—

Pastry Ice Cream

—

Fresh Fruit

—

Rolls - Butter

—

Coffee

*Anklänge an den Wilden Westen finden sich auch im Touristen-Menü der „Veendam“, mit Oatmeal (Haferflocken) und Ham, also Schinken. Das paßt zum Lagerfeuer in der Prärie, wie die Fischer zum Strand von Hawaii auf der Karte der „Mariposa“.*

Frühstück: Milchsuppe, Pfannkuchen mit Preiselbeeren, Brot und Brötchen, Aufschnitt, Kaffee und Tee, Mittag: Frühlingssuppe, Sauerbraten mit Klößen und Gemüse, Pudding oder Obst, Abendessen: Nasi-Goreng mit Spiegelei, Brot, Aufschnitt, Fisch, Tee, Saft. Sonnabends gab es, wie auf allen deutschen Schiffen, meistens Eintopf. Neben dem Chefkoch waren dafür ein Dritter Koch (kein Zweiter), der Bäcker und ein Küper (Schlachter und Proviantraumverwalter) zuständig.

Der Geschmack der 50er Jahre zog, immerhin mit Schick, in die sechs für Fracht- und 87 Passagiere kombinierten Schiffe ein, die Hapag und Norddeutscher Lloyd 1954 und 1955 nach Ostasien in Fahrt setzten. In den Passagierdienst auf dem Nordatlantik kehrten die Bremer in Fity-fifty-Partnerschaft mit der schwedischen Amerika-Linie zurück. Das Motorschiff „Gripsholm“, 17.800 BRT, zwei Schornsteine, einer für den Auspuff, der andere zur Zier, 1924 gebaut, 1950 modernisiert, ging 1954 ab Bremerhaven auf die Reise. Im nächsten Jahr wurde es vom Norddeutschen Lloyd gekauft und in „Berlin“ umbenannt; Passagiere: 98 in der Ersten, 878 in der Touristenklasse. Die Hapag ging 1958 mit einem in Göteborg erworbenen, auf „Ariadne“ umgetauften ehemaligen Passagierfährschiff auf Kreuzfahrt. Die Relation von 194 Mann Besatzung zu 293 Passagieren versprach aufmerksamen Service in aufwendig renovierten Räumen. Die Preise waren für damalige Zeiten happig: 200 Mark pro Tag in der mittleren Kategorie. Da blieben viele Plätze leer. 1960 wurde die „Ariadne“ nach Amerika verkauft. Linienver-

*Von außen klassische Liner-Linien, unter Deck schwimmendes Old-England mit einer Prise Modernismus. Die „Queen Elizabeth" (83.673 BRT) der Cunard-Reederei brannte nach ihrer Außerdienststellung am 10. Januar 1972 im Hafen von Hongkong aus.*

R.M.S. "Queen Elizabeth"

Juices: Tomato - Pineapple - Apple - V 8
Florida Fruit Cup au Liqueur
Chilled Grape Fruit, Cerise
Iced Sea Food Cocktail
Smoked Irish Salmon with Capers — Smoked Sturgeon
Délice de Foie Gras, Truffée

**HORS D'ŒUVRE**
Filets d'Anchois — Tomate Carmen — Oignons à la Grecque
Matjes Herrings — Œuf Mayonnaise — Potato Salad — Antipasto
Bordeaux Sardines — Gendarmes — Primeurs à l'Huile
Cod Roes, Vinaigrette — Pickled Lambs' Tongues

Olives: Green - Ripe - Californian — Crisp Hearts of Celery

**SOUPS**
Consommé Caroline — Crème Chevreuse
COLD: Consommé Double en Tasse

**FISH**
Glazed Fillets of Turbot, Waleska
Broiled Swordfish Steak, Hôteliére
Fried Silver Smelts, Gribiche Sauce
Frogs' Legs Sauté d'Antin

**FARINACEOUS**
Noodles Italienne

**VEGETARIAN**
Creamed Celery with Parmesan

**ENTREES**
Poussin, Sous Clôche Carême
Contre-filet of Beef, Bouquetière
Moussaka Moldave

**CONTINENTAL SPECIALITY**
**Crêpes de Volaille, Versaillaise**
Very thin Pancakes farcied with a filling of diced cooked Chicken, diced Mushrooms and Shallots, cohered in a Supreme Sauce with Egg Yolks and Sherry. Rolled and laid on a dish with Asparagus Spears on top and masked with Mornay Sauce and gratinée under Salamander

**JOINT**
Roast Leg and Shoulder of English Lamb
(Mint Sauce and Red Currant Jelly)

**SORBET**
Maraschino

**GRILL (to order):**
Sirloin Steak, Foyot — Veal Chop à la Sassi
Kébab, Tyrolienne

**RELEVE**
Roast Poularde de Bresse, Farcie, Game Chips
(Waldorf Salad)

# DINNER

## SUGGESTED MENU

Pamplemousse Frappé au Cerise

Crème Chevreuse

Suprême de Turbotin, Waleska

Poularde de Bresse Roti, Farcie, Saratogas

Petits Pois — Pommes Château

Coupe Alexandra

Dessert — Café

ne Chef invites you to give him an opportunity to prepare own favourite dish — whether it be a speciality of rican, European or Eastern cuisine. He merely ask that give the Head Waiter sufficient notice to enable your r to be prepared to perfection.

ne Head Waiter will also gladly offer suggestions and ce on dishes to suit your personal taste and, if you are on a icted or special diet, to see that your requirements are met.

eciality foods for infants are available for ready service request.

C

Thursday, August 2, 1962

**VEGETABLES**

Garden Peas — Fresh Okra and Tomatoes
Broccoli, Hollandaise — Steamed Patna Ric
Egg Plant Fritters — Fresh French Bean

**POTATOES**

Boiled New — Château — Anna — French Fr

**COLD BUFFET**

Roast Ribs and Sirloin of Beef, Horseradish Cream
Roast Leg of Lamb, Mint Sauce — Boiled York
Rolled Ox Tongue — Fresh B
Pressed Beef — Galantine of Chicken
Derby Round of Beef — Galantine of Turkey

**SALADS**

Hearts of Lettuce — Sliced Tomato — Tossed Green — Cole Slaw
Fresh Fruit — Waldorf — Starlight — Ninon

**DRESSINGS**

Mayonnaise — Thousand Islands — St. George — Roquefort

**SWEETS**

Soufflé au Chocolat, Crème Chantilly — Coupe Alexandra
Blueberry Cheese Cake — Pêches Flambées
Meringue Glacé, Chantilly — Petits Fours

**ICE CREAM**

Vanilla — Raspberry — Burnt Almond (Hot Orange Sauce) — Banana — Strawberry

**SAVOURIES**

Bouchées Indienne — Canapé Gréville — Golden Tit-Bit

**FRESH FRUIT**

Grapes — Bananas — Cherries — Plums — Apricots — Tangerines
Apples — Pears — Oranges

Dates — Almonds — Raisins — Figs

Tea (Hot or Iced) — Coffee (Hot or Iced)

kehr mit Passagierschiffen, nahm die Hapag nicht mehr auf.

Der Norddeutsche Lloyd legte sich wieder eine „Bremen“ zu. Der Turbinendampfer mit einem Schornstein, 32.336 BRT, Erste Klasse für 216, Touristenklasse für 906 Passagiere, machte sich neu ausgestattet 1949 auf die Reise nach New York. 1966 wurde ihm eine neue „Europa“ zugesellt, die in Schweden gekaufte Ex-“Kungsholm“, mit 21.514 BRT. Im selben Jahr wurde die „Berlin“ außer Dienst gestellt. In 13 Jahren hatte sie für den Norddeutschen Lloyd in 228 Atlantiküberquerungen und 25 Kreuzfahrten mehr als 200.000 Passagiere transportiert.

Seit 1958 hatte auch Hamburg wieder einen großen Passagierdampfer, einen vordem englischen, nämlich die 1929 gebaute „Empress of Scotland“ (30.030 BRT), umgetauft in „Hanseatic“. Sie hatte zwei Klassen: die Touristenklasse für 1.167 Passagiere und für nur 95 die Erste. Die Besatzung stellte die Hapag; die Reederei aber war die von dem Dänen Axel Bitsch-Christensen geführte Hamburg-, später Deutsche Atlantik-Linie GmbH.

Bitsch-Christensen setzte das Schiff im Sommer auf der Atlantik-Linie, im Winter zu Kreuzfahrten ein. Er fühlt sich, in alter Reedereitradition, persönlich für den guten Zustand an Bord verantwortlich. Als ihm zu Ohren kam, daß es an Bord immer noch unfreundliche Stewards gebe, ließ der die Mannschaft antreten und verkündete: „Wer nicht lächelt, fliegt!“ Von seinen Stewards erwartete er, daß sie spätestens am zweiten Tag jeden Fahrgast mit Namen anreden konnten. Die „Hanseatic“ galt seither als das „Schiff der guten Laune“ und war auf jeder Reise bis an seine Kapazitätsgrenze ausgebucht.

Leider widerfuhr der „Hanseatic“ das nicht seltene Liner-Schicksal: Ein Feuer, entstanden im Maschinenraum, beschädigte sie 1966 so schwer, daß sie mit Schlepperhilfe von New York nach Hamburg zurückgebracht werden mußte. Im Hamburger Hafen bereitete man ihr einen Empfang mit Feuerlöschboot-Fontänen und Zuschauerbegeisterung, als hätte sie ein Blaues Bändchen erobert. Doch sie war - von der New Yorker Feuerwehr ebenso malträtiert wie vom Feuer – ein Totalverlust. Die Versteigerung von Geschirr, nicht angekokelten kleinen und größeren Gegenständen, „ein stählernes Schwimmbad, als Gartenpool geeignet“, verlief in wiederum volksfestähnlicher Stimmung.

1967 kam, in Israel gekauft, eine zweite „Hanseatic“, ein Eine-Klasse-Schiff für 400 Passagiere, in Frankreich 1962 erbaut. 1969 hißte die nagelneue, in Hamburg erbaute „Hamburg“, 652 Passagiere in ebenfalls nur einer Klasse, die DAL-Reedereiflagge. Beide Schiffe hielten sich im Nordamerika-Dienst nicht

▲
*„United States“ und ihre etwas kleinere Schwester „America“ begegnen sich im Hafen von New York. Die letzte Trägerin des Blauen Bandes soll als Kreuzfahrtschiff unter türkischer Flagge wieder in Fahrt kommen, die „America“ liegt zerbrochen am Strand von Fuerteventura.*

▶
*Menü-Karte auf amerikanisch: Essen und Drinks reichlich, aber keine „große Küche“.*

# *Breakfast*

**FRUITS**

Chilled Melon Balls
Chilled Honeydew or Spanish Melon    Fresh Strawberries with Cream
Sliced Banana with Cream    Sliced Frozen Peaches in Syrup
Fresh Pineapple    Baked Apple    Fresh Fruit Salad
Iced Grapefruit    Fresh Grapes    Orange    Apple    Pear
**Preserved Fruits:** Figs in Syrup, Cherries, Peaches or Kumquats
**Stewed Fruits:** Apricots, Prunes, Pears or Mixed Fruit
**Juices:** Pineapple, Grape, Tomato, Vegetable, Clam,
Orange, Grapefruit, Sauerkraut, Prune or Apple

**CEREALS**

Boiled Yellow Cornmeal Mush with Milk
H-O Oats with Milk    Strained Porridge
Grape-Nut Flakes    Bran Flakes 40%    Bran Raisin    Corn Flakes    Corn Soya
Puffed Wheat    Shredded Wheat    Puffed Rice    Pablum    Pabena
Pep    Grape-Nuts    Sugar-Frosted Flakes    Rice Krispies    Sugar Pops

**FISH**

Boiled Salt Codfish in Cream    Broiled Kippered Herring
Porgies, Sauté Meunière    Steamed Findon Haddie, Melted Butter

**EGGS**

Boiled    Poached    Shirred    Buttered    Fried with Ham or Bacon
**Scrambled:** with Capers, Sardines, Mushrooms, à l'Ecarlate or Plain
**Omelettes:** Spanish, Chopped Ham, au Confiture, Chicken Livers or Plain

**MEATS**

Philadelphia Pork Scrapple
Baked Chicken Hash with Green Peppers, Pan Gravy

**FROM THE GRILL**

Calf's Sweetbread with Bacon
Single Lamb Chop on Toast    Small Breakfast Steak
**Ham:** Prague or Sugar-cured Yorkshire    Palethorpes or Country Sausages
**Bacon:** American Breakfast, Swift's Premium, Canadian or Irish

**Potatoes:** Boiled, Mashed or Country Fried

**Cold Dishes:** Assorted Meats, Sliced Breast of Chicken or Beef Steak, Tartare
Various Kinds of Fresh and Smoked Sausages    **Cheese:** Swiss or Poona

Vanilla Waffles    Wheat or Buckwheat Griddle Cakes with Maple Syrup
Fresh Rolls    Sweet Buns    White Bread    Holland Rusk
Zwieback    Currant Buns    Scotch Scones    Rye Crisp
White and Graham Rolls    Melba, Milk, Buttered or Dry Toast

**PRESERVES**

**Jams:** Blackberry, Raspberry, Strawberry, Cherry, Apricot, Damson, Peach
or Plum    Comb or Strained Honey    Lime or Orange Marmalade
**Jellies:** Red Currant, Guava, Strawberry or Bar le Duc    Preisselbeeren

**BEVERAGES**

**Coffee:** Chase & Sanborn, Maxwell House, Nescafé, Instant Sanka, Turkish
**Teas:** English Breakfast, Orange Pekoe, Oolong, Camomile, Mint, Green
Homogenized Milk, Skimmed Milk, Buttermilk or Yogurt
Cocoa, Chocolate, Instant Chocolate, Ovaltine or Postum

EB—FCBr-444    **Monday, February 21, 1955**

UNITED STATES LINES

# *Aperitifs*

| | Per 3 oz. Glass |
|---|---|
| "Dubonnet" | **$0.25** |
| St. Raphaël, Red | **.25** |
| Vermouth, Martini & Rossi, Sweet or Dry | **.25** |
| Vermouth, Cinzano, Sweet | **.25** |
| Vermouth, Noilly Prat | **.25** |
| Vermouth, Tribuno, Dry | **.25** |

| | Per 1¾ oz. Glass |
|---|---|
| Taffel Akvavit, Aalborg | **$0.25** |
| Pernod, Liqueur D'Anis | **.25** |
| Vodka, Smirnoff | **.25** |

# *Alsatian Wines*

| Bin No. | | Vintage | Bottle |
|---|---|---|---|
| *176* | Riesling | — | **$1.50** |
| *175* | Gewurztraminer | *1949* | **2.00** |
| *177* | Riesling Réserve Cuvée Europe | *1949* | **2.00** |
| *173* | Traminer Grand Cru "Hugel" | *1950, 1951* | **2.50** |
| *171* | Traminer | *1943* | **2.50** |
| *170* | "Domaine du Maquisard" | *1947* | **3.00** |

# *Moselle Wines*

| | | | |
|---|---|---|---|
| *197* | Zeltinger | *1951* | **$1.50** |
| *191* | Berncastel Berg Blue Nun Label | *1952* | **2.50** |
| *196* | Graacher "Himmelreich im Himmelreich" | *1951* | **2.50** |
| *188* | Bernkasteler Hanns Christof Wein | *1949, 1952* | **2.50** |
| | **Original — Abfüllung** | | |
| *187* | Piesporter Goldtröpfchen | *1950, 1951* | **$2.50** |
| *194* | Neumagener Engelgrube Spätlese-Naturrein | *1952* | **3.25** |
| *189* | Dhroner Hofberg Spätlese-Naturrein | *1949, 1952* | **3.75** |
| *190* | Bernkasteler Doktor Lilac Seal | *1947, 1950* | **4.00** |
| *195* | Berncasteler Doctor u. Graben | *1952* | **4.00** |

page **10**

When ordering wine it is only necessary to quote the Bin number.

# *Rhine Wines*

| | | | Vintage | Bottle |
|---|---|---|---|---|
| 6 | Liebfraumilch Lorelei Label . . . . | *Rheinhessen* | *1949, 1952* | **$1.50** |
| 0 | Niersteiner Schnappenberg . . . . | *Rheinhessen* | *1950* | **1.50** |
| 5 | Liebfraumilch Madonna . . . . . . | *Rheinhessen* | *1950, 1952* | **2.00** |
| 3 | Liebfraumilch Blue Nun Label Specially Selected . . . . . . | *Rheinhessen* | *1949* | **2.50** |
| 4 | Liebfraumilch Hanns Christof Wein . . | *Rheinhessen* | *1949, 1952* | **2.50** |
| 7 | Wormser Liebfrauenstift Klostergarten Riesling | *Rheinhessen* | *1949* | **3.00** |
| 0 | Deidesheimer Linsenbusch Riesling . . | *Rheinpfalz* | *1945* | **4.00** |
| 4 | Liebfraumilch Nibelungen-Krone Spätlese | *Rheinhessen* | *1949, 1950* | **4.50** |

**Original -- Abfüllung**

| | | | | |
|---|---|---|---|---|
| 3 | Geisenheimer Rothenberg Riesling Spätlese | *Rheingau* | *1951* | **$2.00** |
| 0 | Niersteiner Schmitt vom Schmitt Riesling-Spätlese . . . . . . . . . | *Rheinhessen* | *1949* | **2.25** |
| 7 | Schloss Vollrads . . . . . . . . | *Rheingau* | *1949, 1952* | **2.50** |
| 8 | Niederwallufer Mittelberg Riesling-Spätlese | *Rheingau* | *1949* | **2.75** |
| 1 | Niersteiner Pettenthal Riesling Auslese . . | *Rheinhessen* | *1952* | **3.00** |
| 9 | Büdesheimer Scharlachberg Riesling feine Spätlese . . . . . . . . . . | *Rheinhessen* | *1948* | **3.25** |
| 3 | Schloss Rheinhartshausener Cabinet Markobrunn Spätlese . . . . . . | *Rheingau* | *1950* | **3.25** |
| 5 | Niersteiner Auflangen Spätlese . . . . | *Rheinhessen* | *1949* | **3.50** |
| 2 | Oppenheimer Herrenberg Riesling Auslese | *Rheinhessen* | *1952* | **4.00** |
| 1 | Oppenheimer Krötenbrunnen feine-Auslese | *Rheinhessen* | *1946* | **4.25** |
| 3 | Geisenheimer Rothenberg Riesling Edelbeeren-Auslese Cabinet . . . . . . . . | *Rheingau* | *1949* | **4.50** |
| 9 | Rauenthaler Rothenberg Edelbeeren-Auslese | *Rheingau* | *1934* | **5.75** |


Aperitifs
Alsatian
Moselle
Rhine

Sherry
Madeira
Port

Scotch Whisky

Irish, Bourbon, Rye, Canadian Whiskies

Gin
Rum

Liqueurs
Cognac
Brandies

Beers
Ales
Minerals




When ordering wine it is only necessary to quote the Bin number.

lange auf und gingen auf Kreuzfahrten. Die Deutsche Atlantik-Linie jedoch geriet auf die Klippen der roten Bilanzzahlen. 1973 wurde erst die „Hanseatic“ ins Ausland verkauft, und weil man in Hamburg ohne ein Schiff dieses Namens offenbar nicht sein wollte, die „Hamburg“ zur nun dritten „Hanseatic“ ernannt; im selben Jahr aber noch mußte auch sie Elbe abwärts dampfen, verkauft nach Japan. Als sie einige Zeit später wieder in Kreuzfahrtgewässern auftauchte, hatte sich ihr Name noch einmal geändert, war sie die „Maxim Gorkij“ geworden, Devisenbringer für die Russen. Im Skelett der Namen, Daten, Fakten, die hier hergezählt sind, steckt die Geschichte der letzten Reederei, die noch von einem Mann allein geprägt wurde.

Wer sich von einer Seereise noch etwas Abenteuerlustiges versprach, dem standen einige Kombischiffe zur Verfügung. Der Hauptpastor von Hamburgs St. Michaelis-Kirche reiste 1958 an Bord eines Hapag-Frachters nach Ostasien. Ganz protestantischer Kirchenmann, konnte er dem Luxus eines Musikdampfers nichts abgewinnen: „Wer in einem permanenten Komfort lebt und dem Rhythmus von Leiden und Befreiung vom Leiden entnommen ist, beraubt sich der Möglichkeit zur Freude und versinkt in die Qual der Langeweile“.

Auf dem Nordatlantik tat sich mittlerweile einiges, in der Höhe über ihm sogar entscheidendes: 1948 hatten die Luftverkehrsgesellschaften knapp 254.000 Passagiere zwischen Europa und Nordamerika transportiert. In den nächsten vier Jahren waren es insgesamt mehr als 1,18 Millionen. Von da an stiegen die Zahlen immer steiler an. Wer Angst vorm Fliegen hatte, fand nur schwachen Trost im Gedanken an die Geborgenheit auf einem Dampfer, als wieder einmal ein Liner, wenn auch keiner der ganz großen, in spektakuläre Schlagzeilen geriet: Im Nebel vor Amerikas Küste, hundert Seemeilen vor New York, war im Juli 1956 die italienische „Andrea Doria“ von der schwedischen „Stockholm“ gerammt worden. Es gab 44 Tote, die meisten beim Rammstoß, 1.652 wurden gerettet.

Lang und breit wurde diskutiert, warum und wie solche Kollisionen überhaupt passieren können, wo es doch Radar gibt, mit dem man, wie auch der blutigste Laie weiß, Standort und Kurs von Schiffen auch im dicksten Nebel orten kann. Das tut es in der Tat; aber bis mit Radar richtig umgegangen wurde, hatten die Nautiker eine Menge Erfahrungen zu sammeln. Mit Radar ist die Seefahrt in einer Weise sicherer geworden, von der auf den Kommandobrücken der Vierschornstein-Dampfer einst nicht einmal zu träumen war. Da vergewisserte man sich über die Dichte des Nebels an der Anzahl der Schornsteine, die noch zu erblicken war. Ganz dick war er, wenn auch der vorderste aus den Augen verschwand. Mit dem Nebelhorn tutend, drosselte

*Kombischiff für Fracht und Passagiere „Santa Ursula" 7.013 BRT, Hamburg-Süd.*

An Bord M/S "Santa Ursula"
Sonntag, d . 22. Dezember
1957
**Hauptmahlzeit 19.00 Uhr**

Club Sandwiches

Kraftbrühe

Echte Känguruhschwanzsuppe
mit altem Portwein

Tortilla espanola
Wachsbohnensalat

Kalbskotelett Frühlings Art
Haricots-Verts, Erbsen
Petersilienkartoffeln

Birne Sarotti
Käseplatte - Goiabada
Früchte
Mocca

*Das Motorschiff „Santa Ursula" der Reederei Hamburg-Süd.*
*Eine bescheidene Anzahl von Passagieren konnte mitreisen. Wenn die Hauptmahlzeit auch nur noch gutbürgerlich war, der Kartenschmuck schwelgte nostalgisch in Humor.*

# *Abendessen*

Ochsenschwanzsuppe mit Madeira

Gekochter Kabeljau, Zerlassene Butter
Petersilienkartoffeln

Gebratene Bresse Poularde Marengo
Mischgemüse Biarritz Kartoffeln
Kopfsalat mit Sellerie, Orangenmarinade

Gemischtes Rahmeis, Waffeln

Kaffee

**Für Kinder**

Gefüllter Pfannkuchen

**AUF WUNSCH**

| | |
|---|---|
| | Kraftbrühe in der Tasse |
| **Zwischengerichte** | Feines Würzfleisch mit Grünem Pfeffer |
| | Brasilianisches Yambalayo, Parmesan |
| **Salate** | Escarole Tomaten Gurken |
| **Marinaden** | Deutsche Zitronen Rahm |
| **Gemüse** | Sauerkraut Grüne Bohnen Maiskolben<br>Karottenmus Spaghetti in Butter |
| **Kartoffeln** | Gekochte Pommes Chips Béchamel |
| **Süßspeise** | Rote Grütze, Mandelsauce |
| | Früchte der Jahreszeit |
| **Käse** | Käseplatte Crackers Radieschen |
| **Getränke** | Kaffee Tee Kaffee Hag |
| | Pfefferminz Kamillentee |
| **22.00 Uhr** | Belegte Brote |

*MS »Berlin«* *Donnerstag, 10. November 1960*

# *Dinner*

Ox-tail Soup with Madeira

Boiled Codfish, Melted Butter
Parsley Potatoes

Roast Bresse Poularde Marengo
Mixed Vegetables  Biarritz Potatoes
Lettuce Salad with Celery, Orange Dressing

Mixed Ice Cream, Wafers

Coffee

**For Children**

Stuffed Pancake

**TO ORDER**

| | |
|---|---|
| | Meat Broth in Cup |
| **Entrees** | Ragoût fin with Green Pepper |
| | Brazilian Yambalayo, Parmesan |
| **Salads** | Escarole  Tomato  Cucumber |
| **Dressings** | German  Lemon  Cream |
| **Vegetables** | Sauerkraut  String Beans  Mashed Carrots<br>Corn on the Cob  Buttered Spaghetti |
| **Potatoes** | Boiled  Pommes Chips  Béchamel |
| **Dessert** | Cold Danish Flummery, Almond Sauce |
| | Fresh Fruit in Season |
| **Cheese** | Assorted Cheese  Crackers  Radishes |
| **Beverages** | Coffee  Tea  Kaffee Hag |
| | Peppermint  Camomile |
| **10.00 p. m.** | Sandwiches |

*MS »Berlin«*  *Thursday, November 10th, 1960*

*Mit dem Ende des Weltkrieges waren nicht nur alle deutschen Passagierschiffe verloren gegangen, es bestand aufgrund alliierter Restriktionen auch keine Möglichkeit neue Schiffe zu bauen. Erst 1955, zehn Jahre später, konnte der Norddeutsche Lloyd seinen Dienst über den Atlantik wieder aufnehmen.*
*Die 1931 gebaute schwedische „Gripsholm“, einst sowohl im Transatlantikdienst wie als Einklassen-Kreuzfahrtschiff eingesetzt, wurde dafür erworben und umgebaut. Unter dem Namen „Berlin“ erreichte sie schnell eine große Popularität und war für die Reederei so profitabel, daß sie bald ein größeres Schiff erwarb, die französische „Pasteur“, die 1959 unter dem berühmten Namen „Bremen“ eine große Tradition weiterführte.*
*Die Dinner-Karte der „Berlin“ nimmt sich 1960 noch recht bescheiden aus.*

das Schiff seine Fahrt. Oder auch nicht. „Time is money", die in Amerika erfundene Geschäftserfolgsformel galt besonders auch für die Schnelldampfer. Das Risiko trugen die Fischkutter im Nebel auf der Neufundlandbank. Daß einer überrannt wurde, ohne daß es auf dem Riesenschiff bemerkt wurde, war eine unter Fischern erzählte Geschichte, die keiner Wahnvorstellung zu entspringen brauchte.

Trotz Zwischenfälle, trotz der wachsenden Konkurrenz in der Luft, trotz aller Finanzierungshindernisse, kreuzten noch einmal neue Luxus-Liner auf. Wie stets seit der Ära in Glanz und Gloria dienten sie nicht nur ihren Reedereien und den Passagieren, sondern dem Prestige ihrer Staaten. Charles de Gaulle hielt die Rede, als in St. Nazaire Frankreichs erster Luxus-Liner seit der „Normandie" auf den anspruchsvollen Namen „France" getauft wurde. 1962, de Gaulle war nicht mehr am Staatsruder, ging „le plus grand prestige de la France", wie die Hamburger „Welt" den Bericht ihres Reporters überschrieb, erst auf eine dreitägige Probefahrt „für Küche und Keller". Ein melodisches Bimm-bang-bong-Geläute, fröhlich im Vergleich zu den hallenden Gongs oder Trompetenstößen auf den Cunard-Linern, lockte in den Speisesaal. Frische Blumen aus den Kühlräumen auf den Tischen, eine Speisekarte, die zu studieren man eine Viertelstunde brauchte. Das Dinner dauerte drei Stunden, Tischreden nicht mitgerechnet. Keine drei Sekunden brauchte zu warten, wer den Tisch- oder den Weinsteward herbeiwinkte; fragender Blick reichte aus. Für 2.400 Passagiere hatte die „France" 1.100 Mann Besatzung. Die Jungfernreise nach New York war die Premiere eines Schiffes, das „Frankreich de luxe" repräsentierte. Die Bar der „France" war die längste auf dem Nordatlantik.

*Mr. Pickwick und Oliver Twist – Szenen aus Romanen von Charles Dickens auf Menü-Karten der Union Castle-Line nach Südafrika.*

1965 kamen die Italiener wieder. Von Genua, wo das „Colombo" als Dampferhotel klassisch gewordenen Liner-Stil pflegte und Station für „Sonnenrouten-Passagiere" auch aus dem nördlichen Europa war, dampften die neuen Schwesterschiffe mit den Namen unsterblicher Künstler Italiens nach New York: „Michaelangelo" und „Raffaello", 1.800 Passagiere, 720 Mann. Die alte „Queen Elizabeth" erhielt ihren Abschied. Sie wurde durch den Luxus-Liner „Queen Elizabeth 2" ersetzt. Daß eine arabische Zahl statt einer römischen hinter dem Namen steht, hat britisch-historischen Grund: die heutige Queen Elizabeth, die der Name des Schiffes meint und die es auch getauft hat, ist zwar die II. von England, aber die I. von Schottland; und um die Schotten nicht zu kränken, wurde eben nur numeriert. Die „Queen Elizabeth 2" ist der letzte große Luxus-Liner, ein letzter Mohikaner. Auf den Liniendienst-Pfad zwischen Southampton und New York geht sie nur gelegentlich zur Sommerszeit, und die meisten Passagiere überqueren den Atlantik mit dem Schiff, schnuppern noch einmal Cunard-Luft, nutzen die Chance, ihren Smoking vor dem Vermotten zu bewahren und nehmen zurück das Flugzeug. Auch für die „Elizabeth 2" ist Kreuzfahrt das Hauptprogramm. Die anderen großen Luxus-Liner in ihrer Geschichte, die aus zwei Hauptgängen besteht, die Zeit vor und nach dem Ersten Weltkrieg, und dem Dessert in den jüngst vergangenen Jahren. Gesunken, verbrannt, verschrottet, verkommen, von einigen sind am Ende wenigstens noch Speisekarten erhalten geblieben.

R.M.S. "Windsor Castle"

First Class Saloon

GALA DINNER

Grapefruit Maraschino

—

Hors d'Œuvre Varies    Pâté Maison

—

**Soups (Hot)**
Turtle Soup with Sherry    Cream of Tomato
**Soups (Cold)**
Iced Consommé    Vichyssoise

—

**Fish**
Poached Scotch Salmon Hollandaise
Dover Sole Colbert

—

**Entrees**
Mushrooms and Bacon on Toast
Fried Breast of Turkey New Orleans
Tournedos Sauté Paloise
Double Lamb Cutlet Princess

—

**Potatoes**
Noisette    Minted Boiled    Baked Jacket
**Vegetables**
Buttered Broccoli
Brussels Sprouts

**Cold Buffet**
York Ham    Roast Turkey    Veal and Egg Pie
Roast Lamb    Roast Sirloin of Scotch Beef
Melton Mowbray Pie    Galantine of Duck
Roast Chicken    Pressed Ox Tongue
Galantine of Chicken

—

**Salads**
In Season    Fruit

—

**Sweets**
Beignets Kouge Butterscotch Sauce
Fruit Salad and Cream
Pears Tetrazzini    Lime Water Ice
Cherry Biscuits

—

**Savouries to Order (6 mins:)**
Soft Roes on Toast    Prune and Bacon

—

Dessert    Coffee

Saturday, February 10, 1962

Purser (Catering) :
G. Gibson

Chef-de-Cuisine
W. Leigh

*Mit historischen südafrikanischen Szenen ließ die Union Castle-Line ihre Menü-Karten kolorieren. Lord Charles Somerset, Gouverneur 1814 - 1826 begrüßt die „Enterprise", das erste Dampfschiff am Kap. Daneben Simon van Stal, holländischer Gouverneur.*

## *Mittagessen*

**Vorschlag des Chefs**

Verschiedene Vorspeisen

Philadelphia Pepperpot

Gekochter Neufundland-Schellfisch, Senfbutter
Petersilienkartoffeln

Jungschweinsbraten mit der Kruste, Bratensaft
Weiße Rübchen in Rahm Butterkartoffeln
Eisbergsalat, Französische Marinade

Ananas-Sundae

Käseplatte Pumpernickel

Früchte der Jahreszeit

Kaffee

**à la Carte**

| | |
|---|---|
| Cocktails | Thunfisch-Cocktail Gekühlter Gemüsesaft V-8 Frischfrucht-Cocktail |
| Vorspeisen | Norddeutscher Heringssalat Ölsardinen<br>Geräucherter Aal auf Schwarzbrot Fischsalat Polnisch Anchovis<br>Heringsfilet in Sauerrahm mit Äpfeln und Zwiebeln Junge Zwiebeln<br>Eier mit Lachs Tafelsellerie in Eis Reife und grüne Oliven |
| Suppen | Rahmsuppe Katharina Philadelphia Pepperpot<br>Doppelte Kraftbrühe in der Tasse, Warm oder Kalt |
| Eierspeisen | Rühreier mit Steinpilzen Pochierte Eier Benedikt<br>Kokosnuß-Pfannkuchen |
| Fisch | Bostoner Seezunge Hotelière Kartoffelsalat<br>Holländischer Matjeshering, Speck und Zwiebelsauce Pellkartoffeln |
| Fleischgerichte | Suprême von Huhn auf Reis mit Spargel |
| Spezial | Spaghetti à la Carrettiera<br>Kartoffelpuffer mit Apfelmus und Kronsbeeren |
| Grill (10 Minuten) | Minutensteak mit Kräuterbutter, Pommes frites |
| Kalte Speisen | Klubsandwich, Süße Pickles<br>Marinierter Brathering, Röstkartoffeln<br>Pökelochsenzunge, Sauce Oxford<br>Westfälischer und Coburger Schinken, Pumpernickel Radieschen |
| Salate | Kartoffel Eisberg Gemischter Tomaten |
| Marinaden | Französische Joghurt Astor Zitronen |
| Gemüse | Karotten Vichy Maiskorn in Rahm Schnittbohnen Gedämpfter Reis<br>Gemüseplatte mit verlorenem Ei |
| Kartoffeln | Gekochte Püree Gebackene Pommes frites |
| Süßspeisen | Sandkuchen Himbeer-Junket |
| Kompott | Gedünstete Birnen Gemischtes Kompott |
| Eisspeisen | Ananas-Sundae Schokoladen-Rahmeis Bananen-Rahmeis<br>Kleines Gebäck Karamelsauce |
| Käse | Bordens Cream Tilsiter Liederkranz Cheddar |
| | Früchte der Jahreszeit |
| Kaffee | Bremer Instant Postum Kaffee Hag Idee-Kaffee |
| Tee | Darjeeling Flowery Orange Pekoe Ceylon Broken Orange Pekoe |
| Gesundheitstee | Pfefferminztee Kamillentee Lindenblütentee |

*Diätspeisen werden auf Wunsch von unserem diätetisch geschulten Koch zubereitet!*

TS »BREMEN« Freitag, 10. April 1970 Karibische Kreuzfahrt

*Fünf Passagierschiffe mit dem Namen „Bremen" gab es. 1858 die erste, 1959 kam die letzte unter die Reedereiflagge des Norddeutschen Lloyd. Aus letzter Zeit stammt auch die Menü-Karten-Illustration von der Karibik-Kreuzfahrt 1970, mit Burgen am Rhein.*

## Lunch

**Chef's Suggestion**

Hors-d'œuvre Variés

Philadelphia Pepperpot

Boiled Newfoundland Haddock, Mustard Butter
Parsley Potatoes

Roast Suckling Pig with Crackling, Gravy
Creamed White Turnips Buttered Potatoes
Iceberg Salad, French Dressing

Pineapple Sundae

Assorted Cheese Pumpernickel

Fruits in Season

Coffee

**à la Carte**

| | |
|---|---|
| Cocktails | Tunny Cocktail Chilled Vegetable Juice V-8 Fresh Fruit Cocktail |
| Hors-d'œuvre | North German Herring Salad Sardines in Oil<br>Smoked Eel on Rye Bread Fish Salad Polish Eggs with Salmon<br>Anchovies Fillet of Herring in Sour Cream with Apples and Onions<br>Scallions Table Celery in Ice Ripe and green Olives |
| Soups | Cream Soup Katharina Philadelphia Pepperpot<br>Consommé Double in Cup, Hot or Cold |
| Eggs | Scrambled Eggs with Cèpes Poached Eggs Benedict<br>Coconut Pancake |
| Fish | Boston Sole Hotelière Potato Salad<br>Dutch Matie Herring, Bacon and Onion Sauce Jacket Potatoes |
| Meat Dishes | Suprême of Chicken on Rice with Asparagus |
| Special | Spaghetti à la Carrettiera<br>Potato Pancake with Apple Sauce and Cranberries |
| Grill (10 Minutes) | Steak à la Minute with Herb Butter, French Fried Potatoes |
| Cold Dishes | Club Sandwich, Sweet Pickles<br>Marinated Fried Herring, Roasted Potatoes<br>Corned Ox-tongue, Sauce Oxford<br>Westphalian and Coburg Ham, Pumpernickel Radishes |
| Salads | Potato Iceberg Mixed Tomato |
| Dressings | French Yogurt Astor Lemon |
| Vegetables | Carrots Vichy Creamed Corn French Beans Steamed Rice<br>Vegetable Dish with poached Egg |
| Potatoes | Boiled Mashed Baked French Frieds |
| Dessert | Sponge Cake Raspberry Junket |
| Compote | Stewed Dried Pears Mixed Compote |
| Ice Cream | Pineapple Sundae Chocolate Ice Cream Banana Ice Cream<br>Cookies Caramel Sauce |
| Cheese | Bordens Cream Tilsiter Liederkranz Cheddar |
| | Fresh Fruits in Season |
| Coffee | Bremen Instant Postum Kaffee Hag Idee |
| Tea | Darjeeling Flowery Orange Pekoe Ceylon Broken Orange Pekoe |
| Tisane | Peppermint Tea Camomile Tea Linden Blossom Tea |

*Special Dietary Dishes are available on request*

TS »BREMEN« Friday, April 10th, 1970 Caribbean Cruise

*Ein Blick unter Deck der Ende der 50er Jahre umgebauten und modernisierten „Bremen“: Speisesaal Erster Klasse, Taverne und Gesellschaftshalle Erster Klasse in der typischen Nierentischkultur jener Zeit. Die Passagiere empfanden diesen Stil als letzten Chic. Die „Bremen“ mußte sich um Buchungen nicht sorgen.*

**R.M.S. Queen Elizabeth 2**

## Appetisers

Tomato - Grapefruit - Prune - V8 - Pineapple - Apple Juices

Chilled Honeydew Melon - Bismarck Herrings
Chef's Salad - Terrine of Duckling
Alaskan King Crabmeat Cocktail - Selected Caviar Glace

## Soups

Consomme Julienne *(Clear beef and chicken consomme with julienne of fresh vegetables)*
Cream of Broccoli with Croutons - Chilled Cream of Mushroom

## From the Seas and Rivers

Fried Fillets of Sole, Remoulade
oached Supreme of Halibut, Veronique *(With a white wine sauce garnished with muscatel grapes)*

## Pasta Dish

Cannellonis, Bolognaise

## The Main Fare

Escalope of Pork, Calvados *(Thin escalope cooked in apple brandy flavoured sauce)*

pes, Versailles (Thin pancakes filled with diced chicken and mushrooms blended in a cream sauce, coated with cheese sauce and glazed)

Long Island Duckling, Savoury Dressing, Apple Sauce

## From the Broiler

(Please allow 15 minutes)

Veal Chops, Vert Pre
Tenderloin Steak, Bearnaise Sauce

**Sunday 19th September 1982**

ner

MENU
dew Melon
le, Remoulade
nd Duckling,
, Apple Sauce
ry Hearts
atoes
er Souffle
ee

OR SUGGESTS
dew Melon
Apple Sauce
ry Hearts
aramel

**Grill Room**

**Vegetables**

Braised Celery Hearts - Buttered Whole Green Beans
Roast and Boiled New Potatoes

**The Cold Table**

Roast Sirloin of Beef, Horseradish Cream - Galantine of Chicken
Pork Brawn - Roast Turkey, Cranberry Sauce
Baked Sugar-Cured Ham - Roast Duckling, Apple Sauce

**Salads and Dressings**

Melangee - Waldorf - Cucumber and Tomato

French - Roquefort - Thousand Islands - Mayonnaise

**Desserts**

Lemon Meringue Pie - Grand Marnier Souffle - Friandises
Coupe Venus - Creme Caramel

Vanilla and Peach Ice Creams - Hot Chocolate Sauce

Champagne Sherbet

A Variety of Fresh Fruit from the Salver

A Selection of British, North American and Continental Cheeses
served with Crackers

**Savoury**

Croque Monsieur *(A sandwich of ham and cheese dipped in beaten eggs and fried)*

**Beverages**

Ceylon and China Tea - Full Roast Coffee - Non-Caffein Sanka
Instant Coffee - Hot Chocolate - Horlicks
Iced Tea with Lemon - Iced Coffee

Executive Chef

# Die Queen Elizabeth 2

*Das letzte Schiff der großen Liner-Herrlichkeit, Cunards 1969 gebauter 66.000-Tonner „Queen Elizabeth 2“, bejubelt und verflucht. In Größe und Eleganz und in dem Bemühen der Reederei, den traditionellen Luxus im Atlantik-Dienst und bei den weltweiten Kreuzfahrten aufrecht zu erhalten, ragt sie als letzte Vertreterin einer großen Zeit würdevoll wohl noch bis in das nächste Jahrtausend hinein. Eine über die Jahre nicht abreißende Kette von Havarien und Pannen hat dem Ruf „QE 2“ allerdings schwer zugesetzt. Einen Kriegseinsatz hat das Schiff auch schon hinter sich: im Falkland/Malwinen-Konflikt wurde der Liner zum Transportschiff umgerüstet, um englische Truppen in den Südatlantik zu bringen.*

# Schöne neue Welt des klassenlosen Kreuzfahrers

**Nie zuvor gab es mehr große Passagierschiffe. Doch sie eilen nicht mehr von Hafen zu Hafen, sondern bummeln elegant und vergnügt durch die schönsten Reviere der Welt mit Gästen, die nur Erholung suchen.**

Wer ein bißchen in der Welt herumgekommen ist, weiß es, und jeder kann es sich ausmalen: Die Welt ist dort am schönsten, wo Land und Meer zusammenstoßen. Ob Geirangerfjord oder Kap Sunion mit der Tempelruine on top, ein tropischer Palmenstrand, die Einfahrt in die Kieler Förde, der Felsen von Gibraltar, die Gletscher Alaskas oder die Minarettsilhouette von Istanbul, von der Reling aus betrachtet, ist alles „einfach schön", um eines der meistgebrauchten Worte enthusiasmierter Kreuzfahrtpassagiere zu zitieren. „Landfall", wie der Seemann das In-Sicht-Kommen des Landes nennt, der Spannungsmoment der Entdecker, ist der Glücksfall der Seereisenden. Da mag einer hundertmal mit dem Flugzeug auf Teneriffa gelandet sein oder Venedigs Palazzi von außen und innen beäugt haben, doch zu erleben, wie sich die Lagunenstadt bei Annäherung von See aus dem Wasser heraushebt oder der Pico de Teide sich über den Horizont schiebt, ja ... Traumschiff-Gequatsche? Nüchtern gesagt also: Die Kreuzfahrt ist die beste, weil verläßlichste, auch komfortabelste und in jeder Hinsicht, ob vor Autodiebstahl oder der Nichtbehandlung von Zahnschmerz, sicherste Art und Weise umherzureisen.

*Von den stillen Fjorden Norwegens zu den betriebsamen Häfen des Mittelmeeres: Im Sommer nimmt die Flotte der Kreuzfahrer Europakurs.*

Ein Beweis für die Behauptung ist die wachsende Zahl von Kreuzfahrtschiffen. Auch gute Kenner der Schiffahrt geraten da ins Schwimmen: Wieviele Schiffe, was für Schiffe, welche Namen, welche Reedereien, welche Umtaufereien, welche Fahrgebiete? Schlag nach in Stapel von Reisekatalogen.

Der erste Reeder, der auf Kreuzfahrtgedanken kam, war bekanntlich Albert Ballin, der die „Auguste Viktoria" ins Mittelmeer fahren ließ. Heute weithin gut bekannt ist die „Europa" des Norddeutschen Lloyd, sein zweites Kreuzfahrtschiff dieses Namens. Das erste war ein Motorschiff mit zwei Schornsteinen, die 1966 in Dienst gestellte, in Schweden erworbene frühere „Kungsholm", Bau- ▶

*Schnittigkeit und Speed sind keine Kriterien für Kreuzfahrtschiffe, eher Platz für Freizeiteinrichtungen. Der mächtige Bug der „Royal Princess"*

ROYAL PRINCESS

jahr 1952, die für den Liniendienst 122 Passagiere in der Ersten und 721 in der Touristenklasse aufnehmen konnte. Für die Kreuzfahrten mit rund 500 Gästen wurde sie neu eingerichtet, mit 285 Kabinen, die meisten mit Dusche oder Bad. 80 Stewards und zehn Stewardessen betreuten die Gäste. Fahrtgebiete waren Karibik, Nordmeer, Mittelmeer, ostasiatische Gewässer, mithin „die Welt", womit aus diesem Anlaß nicht zufällig noch einmal an Albert Ballins Motto erinnert sei. 1970 war es vorbei mit Konkurrenzgerangel und, wenn schon, dann meist knirschender Gemeinsamkeit in Geschäften. Hapag und Norddeutscher Lloyd fusionierten zur Hapag-Lloyd AG, Sitz Hamburg. Der Kreuzfahrtbetrieb behielt in Deutschland die Bremerhavener Columbuskaje als Ausgangsstation.

Die erste „Europa" hatte rundum Erfolg. In Deutschland war den verschiedenen „Wellen" in den sogenannten Wirtschaftswunderjahren, zuerst der „Freß"-Welle, in der die Lebensmittelkarten-Zeiten mit ihren Rationierungen vergessen wurden, die Reisewelle gefolgt. Die „Europa", die einen weißen Rumpfanstrich erhielt, wurde ein Pionier der modernen Kreuzfahrt. Nicht zuletzt sprach sich herum, daß man auf dem Schiff, anders in den überfüllten Ferienlokalen an Land, nicht der Gefahr laufe, daß ein Steward im Speisesaal „Kollege kommt gleich" ruft. Mit anderen Worten: Man konnte sich eines Services sicher sein, wie ihn die Urlauberhotels gemeinhin nicht boten.

Kreuzfahrten blieben „etwas Besonderes", verloren aber den Charakter des Exorbitanten. Manchen Passagieren wurde mancher Abend zu bunt; die Kostümfeste zum Beispiel, in denen die einen als Piraten, die anderen als Ölscheichs aufkreuzten, haben dann auch auf fast allen Kreuzfahrtschiffen ihren Schunkelreiz rasch eingebüßt und sind, weil von vielen Passagieren als schiere Belästigung empfunden, aus den Schiffspro-

*Selbst an den schönsten Stränden der Welt können sich die Passagiere jederzeit in die „gute Stube" zurückziehen. Für sie ist die „Europa" ein Stück Heimat.*

grammen gestrichen worden. Prominenz von Bühne, Film und Fernsehen war von Anfang an willkommen. Auf der „Europa“, um einige Namen wahllos zu nennen, konferierte Vico Torriani, sang am Flügel Udo Jürgens, machte Heinz Schenk vom „Blauen Bock“ Äppelwoi-Stimmung, wurden aber auch die ersten „Musik-Festival-Reisen“ unternommen. Ebenfalls wahllos erwähnt: Anneliese Rothenberger, immer wieder mal an Bord, Kammersängerin Erika Köth und Kammersänger Hermann Prey gaben Liederabende. Anhand der „Europa“-Programme ließe sich eine Show- und Stargeschichte aus jenen Jahren schreiben.

Der ersten folgte die „Europa“, die mittlerweile das wohl bestbekannte deutsche Kreuzfahrtschiff ist. Für einen Festpreis von 160 Millionen Mark bestellt, der sich durch Sonderwünsche der Reederei auf 176 Millionen erhöhte, wurde sie auf der Bremer Vulkan-Werft gebaut. Mit 33.819 BRT war sie damals wohl das international größte ausschließlich für Kreuzfahrten bestimmte Schiff, rund 300 Mann Besatzung, 600 Passagiere. Im Januar 1982 lief sie in Bremerhaven zur ersten Reise aus, die eigentlich nur eine Public-relation-Fahrt war: via Lissabon und Ibiza nach Genua. Die PR-Bemühungen zahlten sich aus. Ein wichtiges Lob galt der Laufruhe des Motorschiffes.

Sie hat Maßstäbe für die heute zwischen dem Wunsch nach Stressfreiheit und Erlebnislust pendelnden Wünsche einer Gesellschaft gesetzt, die sich in einem freilich ziemlich einig ist: Man muß in der Sonne liegen und schwimmen können, und mit Shuffleboard allein, dem klassischen Bordspiel, bei dem über die Planken rutschende Scheiben mit einer gegabelten Stange in Nummernfelder gestoßen werden, kann sich sportiver Betätigungsdrang nicht erschöpfen. Schon gar nicht, wenn die Karten im Speisesaal von einer Kalorien- oder Joule-Sünde zur nächsten locken. Zwei große Schwimmbäder an

*Dieser „Hanseatic“ gelang 1994, als 56. Schiff in der Geschichte überhaupt, die Nordwest-Passage, den Seeweg durchs Eis nördlich Kanadas zu erzwingen.*

# Festival der musischen Speisen

*Auf See – Freitag, den 8. September 1995*

## Vorspeisen

*Geschnittene frische Früchte in Kirschwasser*

*Gebratene Riesengarnelen nach „Godard“ – an pikantem Gen*
*Knoblauchbaguette*

Benjamin Godard (1848 – 1895), französischer Komponist, der u.a. „La Vivar

*at von Hähnchenbrüstchen nach „Verdi“ – mit frisch gebraten*
*Selleriewürfeln und Trüffeln im Balsamessig*

Giuseppe Verdi (1813 – 1901), berühmter italienischer Kompor
der u.a. „La Traviata“, „Rigoletto“ und „Aida“ schuf

## Suppen

*Avocado-Rahmsuppe nach „Boieldieu“ – mit getr*
*Geflügel- und Gänseleberklößchen*

François-Adrien Boieldieu (1775 – 1834), bekannt durch seir
„Der Kalif von Bagdad“ und „Die weiße Dame“

*Entenconsommee „Mascagni“ – Profiteroles mit P*

Pietro Mascagni (1863 – 1945) italienischer Komponist, der u.a. die Oper

*Papayakaltschale mit Eischnee*

## Frischfisch aus Helsink

*Regenbogen-Forellenfilet nach „Auber“ – gebrater*
*und Tomatenwürfeln, Kräuterjus, gekocht*

Daniel François Esprit Auber (1782 – 1834), berühmter Opernkompo
und „Die Stumme von Portici“ verdank

*Pochiertes Regenbogen-Forellenfilet nach „Domingo“ – Island-Garnelen und*
*Krebsschaumsauce, Langkorn- mit Wildreis*

Placido Domingo, einer der bekanntesten lebenden Opernsänger

## Vegetarisch

*Moussaka von Bohnenkeimlingen mit Gemüse und Pilzen*

## Sorbet

*von exotischen Früchten*

## Fleischgerichte

*Gebratenes Kalbslendchen nach „Händel“ – belegt mit Trüffels*
*Zwiebel-Kräutermus, Blumenkohlröschen, Fondant*

Georg Friedrich Händel (1685 – 1759) – 1705 Uraufführung der Oper „Al

*Junge Poularde, gebraten nach „Gounod“ – mit Ma*
*Karotten- und Speckwürfeln, junge Erbsen und Spargel, Kr*

Charles Gounod (1818 – 1893), französischer Opernkomponist, schuf u.a. „Romeo un

## Vom Grill

*Entrecôte nach „Schubert“ – mit gefülltem Artischockenboden, S*
*Pariser Karotten, gebackene Kartoffelstäbchen*

Franz Schubert (1797 – 1828), österreichischer Komponist, der in seinem kurzen, aber i
unzählige volkstümliche Lieder, neun Symphonien (u.a. die „Unvollendete“) und die Oper

## Kalte Küche

*Fächer von Mango und Papaya mit Serranoschinken*

*Verschiedene Salate vom Buffet, Marinade nach Wahl*

## Desserts

*Frische Erdbeeren „Patti“ – mit Schokoladeneis und Kirschwass*
*geschlagene Vanillesahne*

Adelina Patti (1843 – 1919), italienische Sängerin

*Amarettoparfait „Mozart“ – mit zwei Saucen und Babyapfel*

Wolfgang Amadeus Mozart (1756 – 1791), Österreichs berühmtester Komponist – anläßlich s
200. Todestags wurde das Jahr 1991 zum Mozart-Jahr

*Birne „Belle Hélène“ – auf Vanillerahmeis mit warmer Schokoladensau*
*geschlagene Sahne*

„Belle Hélène“ nach der Uraufführung von Jacques Offenbachs Operette „Die schöne Helena“ – in Paris
unbekannter Koch die „Birne Helene“, auch „Belle Hélène“ oder „Schöne Helena“

*Käseauswahl vom Brett, Espresso, Tee, feines Gebäck, Pralinés,*
*Frische Früchte der Saison*

*Schonkost wird auf Wunsch zubereitet.*

# *M.S. Europa*

*Als sogenanntes Fünf-Sterne-Schiff bietet die „Europa" der Reederei Hapag-Lloyd, das Ergebnis der Fusion der beiden großen Reedereien Hamburg-Amerika-Linie und Norddeutscher Lloyd, ein absolutes Top-Angebot. Weltweit muß sich die Konkurrenz der Kreuzfahrtschiffe an ihrem Standard messen. Ganz bewußt wird dabei an die große Tradition, auch die Küchentradition, der Zeit vor und nach dem Ersten Weltkrieg angeknüpft. Ein Markt dafür ist offenbar vorhanden. Die „Europa" bildet das Herzstück des äußerst lukrativen Tourstikbereiches eines Transportunternehmens, an dem die Schiffahrt heute nur noch einen untergeordneten Anteil hat. Der Speisesaal hat einen zeitlos eleganten Stil, gediegen und von vornehmer hanseatischer Zurückhaltung geprägt. Entsprechende Garderobe wird erwartet.*

*Die Motive für Menü-Karten erweisen sich als unerschöpflich. Neben lustigem Bordleben, heimatlichen Landschaften, historischen Ereirgnissen und natürlich immer wieder Schiffen in allen Perspektiven, hier eine Sammlung von kontemporär märchenhaften Kartenbildern der „Europa". Immer drücken die Karten auch die Befindlichkeiten und den Geschmack des Zeitgeistes aus; diese Traum- und Fabelbilder sind ein Beispiel dafür.*

und eines unter Deck, neben ihm Sauna und Fitnessraum, so und ähnlich sind heute alle großen Kreuzfahrtschiffe ausgerüstet. Die „Europa" hat, was zuerst mit den Luxus-Linern auf See kam: Theater- und Kinosaal, Lese- und Schreibsalon, große Bar, kleine Bar. Dazu täglich wechselnde Menü-Karten, die unter den vielen Bordgästen begehrte Sammelobjekte sind. Vor allem hat sie, was auf und in einem Schiff der eigentliche, gleichsam grundlegende Luxus ist: viel Raum innen und außen, große Decksflächen. Andere haben das alles auch. Doch angesichts von Neubauten für 2.000 Passagiere und mehr, schwimmenden Bienenstöcken, fällt Raum-Luxus umso angenehmer auf.

Den ungebremsten Trend zur Kreuzfahrt entdeckte schließlich auch ein anderes Unterhaltungsgewerbe als verkaufsträchtig: das Fernsehen. Im Rahmen der „Traumschiff"-Serie wurden Geschichten und Geschichtchen vom „Heiratsschwindler", „Juwelendieb", dem „Schüchternen Liebhaber" und auch der „Sekretärin" ins Bordmilieu transportiert. Auszug aus dem Drehbuch: „Reedereien wissen, daß Seeluft hungrig macht, deshalb sind die Bestellblocks der Tischstewards auf Kreuzfahrtschiffen um ein Drittel länger als die der Kollegen an Land, von den Stewards oft als Kieskellner bezeichnet. Außerdem sind Speisekarten auf Schiffen nicht nur ausgezeichnetes Unterrichtsmaterial für alle, die Französisch lernen möchten, sondern Worten wie Pommes dauphin, Haricots verts und Sauce bordelaise wohnen ein geheimer Zauber inne. Man ließt sie und schon läuft einem das Wasser im Munde zusammen."

Begonnen hatte der „Traumschiff"-Zauber auf der 1972 gebauten und mit der gehobene Klientel kreuzenden „Vistafjord"(24.293 BRT) von Cunard. Doch fühlten sich die 670 Passagiere von den Filmarbeiten so gestört, daß Cunard nicht mehr mitmachen wollte, als der Zuschauererfolg nach der ersten Staffel eine zweite und weitere Folgen erzwang. Die TV-Truppe kam fürs erste auf dem vom Markt schlecht angenommenen 18.000 Tonner „Astor" der HADAG unter, bevor die als „Arkona" in die DDR wechselte. Die 1980 erbaute „Berlin" (9.750 BRZ, Bruttoraumzahl, wie das heute gültige Maß lautet) der Neustädter Reederei Peter Deilmann war dann das nächste Traumschiff.

Nicht für alle Passagiere wurden Kreuzfahrten zu Traumfahrten, was dem anhaltenden Boom allerdings nicht den geringsten Abbruch tat. Die unglückselige „Achille Lauro" (23.629 BRT), 1.155 Passagiere in der Touristenklasse, brannte 1965 und 1972, kollidierte 1975, wurde vor einigen Jahren von palästinensischen Terroristen entführt und sank schließlich bei einer Kreuzfahrt brennend vor der ostafrikanischen Küste. Der Trend geht heute weg von den „geriatrischen Brillantenkreuzern", wie sie „Boot"-Autor Lothar-Günther Buchheim mit der „QE 2" erlebt hatte, hin zu erlebnisorientierten Freizeitwelten. Da gibt es ganz verschiedene Möglichkeiten.

Für den Kurztrip bieten sich Luxus-Linern ähnliche Fährschiffe wie die Ostsee-Rakete „Finnjet" (25.042 BRT), mit maximal 30,5 Knoten Speed fast Blaue-Bänder-reif. Für Abenteuerliches wäre die „Hanseatic" (8.378 BRT) zu empfehlen, die 1994 als 56. Schiff in der Geschichte überhaupt durch das Eis der Nordwest-Passage nördlich Kanada stieß. Für Juppies bietet sich die besegelte Ferieninsel „Club Méditerrané" an, Surfbrett, Wasserski und Fitness-Center eingeschlossen. Etwas exklusiver geht es an Bord der gerade unter Segel gebrachten Barkentine „Lilli Marleen" von Peter Deilmann zu, nur 50 Passagiere und mit einem echten Freiherrn und ehemaligen „Gorch Fock"-Kommandanten als Kapitän. Wer schiere Größe liebt, den wird der P&O-Liner „Oriana" (69.153 BRZ) erfreuen, gerade erst in Dienst gestellt, beste deutsche Wertarbeit.

Die Welt des Kreuzfahrers, ein Kaleidoskop der Erelebnisfreude, geprägt von der Sehnsucht nach Ferne und Abenteuer, getragen vom Flair des Ungewöhnlichen, Luxuriösen auf einem eleganten Schiff, das die schönsten Gegenden der Welt besucht...

In der Geschichte der Passagierschiffahrt hat ein neues Kapitel begonnen.

# Mittagessen

Einlaufen Tsingtau/Volksrepublik China – Sonntag, den 2. April 1995

## Chef's Menu

Cocktail von Nordseekrabben in Dillmarinade
mit gehacktem Ei auf geschnittenen Salaten

Radieschen-Schaumsüppchen

Kutterscholle nach Finkenwerder Art – gebraten
in brauner Butter mit Speckstreifen, Karotten-Krautsalat

Blanquette vom Mastkalb in Weißweincremesauce
mit Klößchen und Spargelspitzen, Langkornreis mit Getreide

Käseauswahl vom Brett, Kümmelbrot, Radieschen

irsich „Melba" – Vanillerahmeis, Himbeermark und Schlagsahne

Kaffee, Feingebäck

Frische Früchte der Saison

## Salatteller

mberry" – Spargelspitzen, Staudensellerie, Tomatenscheiben,
Grönlandkrabben und Lachsjuliennes auf Eisbergsalat,
Estragon-Marinade

## Kalte Küche

ef-Sandwich mit Gurken- und Tomatenscheiben, Essiggemüse
kopfsülze mit Delikateßgurke, Sauce Vinaigrette, Röstkartoffeln

## Aus der Internationalen Küche

Sung-tzu-chi-ssu
Gebratenes Hühnerfleisch mit Gemüsen, Pfefferschoten,
chinesischen Pilzen und Pinienkernen, gebratene Mie-Nudeln

## Vegetarische Vollwertkost

Pochierte frische Williams-Christ-Birne gefüllt mit
pikanter Roquefortcreme

Rohkostbuffet mit verschiedenen Salatsaucen

Radieschen-Schaumsüppchen

Gemüseplatte mit pochiertem Ei, Kartoffelpüree

Cassis-Quarkspeise mit gekühlten schwarzen Johannisbeeren

Landapfel-Früchtetee

Schonkost wird auf Wunsch zubereitet.
Nach unserem Fit-und Polly-Vital-Menu fragen Sie bitte Ihren Steward.

ms **Europa**

# Vorspeisen

Gekühlte Cantaloupmelone mit altem Sherry

Cocktail von Grapefruitfilets mit Wodka

Pikanter Heringssalat mit Schinken, Perlzwiebeln
und grünen Bohnen in Creme Double

# Suppen

Altdeutsche Nudelsuppe mit Gemüse und Rindfleisch

Aprikosenkaltschale mit Makronen

# Eierspeisen

Pochierte Eier auf Trüffelrisotto, nappiert mit Tomatensauce

Omelette mit Würfelschinken und Spargelspitzen

Eierpfannkuchen mit Rosinen

# Fischgericht

Rotbarschfilet pochiert im Gemüsefond auf Staudensellerie,
Avocadosauce mit Krabben, Kräuterkartoffeln

# Fleischgericht

Gefüllte Schweinsröllchen in Pilzrahmsauce,
Blumenkohl mit Leinsamenbutter, Dauphinekartoffeln

# Vom Grill

Rib-Eye-Steak mit gebackenen Zwiebelringen,
Auberginenragout, Lyoner Kartoffeln

# Beilagen

Gemüse: Spargelspitzen – Staudensellerie – Auberginenragout –
Karotten Vichy – junge Erbsen – Blumenkohl

Kartoffeln: Gekochte – Püree – Lyoner – Röst – Dauphine

Zerealien: Gedämpfter Reis – Trüffelrisotto – Spaghetti mit Parmesan – Langkornreis mit Ge

Salate: Blatt – Bohnen – Kraut – Karotten – Rote Bete mit Nüssen – Puszta

Salatmarinaden: Kräuter – Französische – St. Regis – Chili

# Nachspeisen

Spanische Vanilleschnitte – Cassis-Quarkspeise mit gekühlten schwarzen J

Fruchtdessert: Aprikosenhälften – Gemischte Früchte

Für Diabetiker geeignet: Orangen-Sahneschnitte – Eisschokolade mit Sa

# Eiscreme

Himbeer-Aprikosen – Apple-Blossom – Haselnuß – Brombeer-Jo

Eiscremesaucen: Mandel – Exotische Frucht

Eisbecher: „Sylvia" – Apfelscheiben in Orangensaft, Rahmeis und Sc

# Getränke

Kaffeeauswahl: Hag – Nescafé – Mokka – Caro – Espresso

Teeauswahl: Assam – Ceylon – Darjeeling – Earl Grey – Kräuter – F

## M.S. Europa

*Wie sich die Reederei Hapag-Lloyd in ihrer Tradition und in der Qualität des kulinarischen Angebotes vergangenen großen Tagen verpflichtet fühlt, beweisen diese wiederverwendeten Menü-Karten aus der Zeit der Jahrhundertwende, als sich Hapag und Norddeutscher Lloyd zu ernsthaften Konkurrenten im Atlantik-Dienst entwickelten. Sozusagen als Qualitätssiegel der Küche, das Zeichen der Chaine des Rotisseurs. Über die „Europa", 1980 gebaut, kann man sagen, was der Kaiser schätzte: „Deutsch vom Kiel bis zum Flaggenknopf".*

## Weihnachten im Heiligen Land

Auf See, den 01 Januar 1996

### Lunch

Frischer Birnensalat mit Bananen auf Kiwischaum

•

Geräucherte Bachforelle
an einem Bouquet von Blattsalaten mit Preiselbeermeerrettich und Toast

•

Gegrillte Poulardenbrust auf frischen Orangenscheiben
mit Spargel und Chantilly - Mayonnaise

•

Pochierte Würfel vom Seeteufel und Farmlachs
mit Kalbfleischklößchen in einer bouquetreichen Creme von Santa Helena
im Reisrand serviert

•

Tomatierte Geflügelconsomme
mit Tomatenconcassee, Bleichsellerie und Royale

•

Fernöstliche Mandelsuppe mit grünen Bohnen

•

Rühreier „Opera"
mit gebackenen Geflügelleberwürfeln und Spargel garniert

•

Filet vom Babysteinbutt in einer Kräutereihülle gebraten
auf Blattspinat mit Sesambutter, an Bechamelkartoffeln

•

Rosa gebratene Schweinelendchen mit einem Paprika - Tomatenragout nappiert
auf Steinpilzspaghetti angerichtet

•

Steak „au four",- mit einem feinen Kalbsragout
und Sauce Hollandaise überbacken, Blumenkohlröschen mit Stockschwämmchen
in Petersilienrahm dazu pommes frites

***Vom Arkona Salatbüffet***

Tomaten -, Gurken und bunter Blattsalat
mit einer Auswahl unserer hauseigenen Dressings

***Aus der Kalten Küche***

Roastbeef rosa an feiner Remouladensauce
mit pommes frites

***Aus der Bordkonditorei***

Quarkkeulchen - eine sächsische Spezialität
serviert mit abgezogenem Beerencocktail
Kompott von Himbeeren, Ananas und Mandarinen
Gebeizte Aprikosen auf Haselnußeis
mit Schokoladensauce und Makronen

•

Frische Früchte der Saison

•

Kaffee und Tee

Diätwünsche erfüllt Ihnen gerne Ihr Tis

***Die Spezialität des Chefgardemangers***

Salatteller „Pahscha"
eine Komposition von Blattsalaten, Spargel, Karotten, Erbsen
gemischt mit Räucherlachsstreifen, serviert mit französischer Marinade

***Der Chefkoch empfiehlt:***

Gegrillte Poulardenbrust auf frischen Orangenscheiben
mit Spargel und Chantilly - Mayonnaise

•

Fernöstliche Mandelsuppe mit grünen Bohnen

•

Rosa gebratene Schweinelendchen mit einem Paprika - Tomatenragout nappier
auf Steinpilzspaghetti angerichtet

•

Gebeizte Aprikosen auf Haselnußeis
mit Schokoladensauce und Makkronen

•

Kaffee und Tee

***Das Menü mit wenig Kalorien***

Frischer Birnensalat mit Bananen auf Kiwischaum

•

Tomatierte Geflügelconsomme
mit Tomatenconcassee, Bleichsellerie und Royale

•

Pochierte Würfel vom Seeteufel und Farmlachs
mit Kalbfleischklößchen in einer bouquetreichen Creme von Santa Helena
mit Reisrand serviert

•

Kompott von Himbeeren, Ananas und Mandarinen

•

Kaffee und Tee

***Dessertempfehlung für Diabetiker***

Vanilleeiscreme mit Natreen Aprikosensauce

***Unsere vegetarische Menüempfehlung***

Gefüllte Tomate mit Maiskörnern und Pilzen
auf marinierten Bohnenkeimlingen

•

Currycremesuppe mit Mango und Kokos

•

Gemüseplatte mit Kartoffelschnee
und pochiertem Ei mit Sauce bernaise

•

Quarkkeulchen mit abgezogenen Beerencocktail

•

Caro Landkaffee und Kräutertee

***Getränkeempfehlung***

1994 Forster Jesuitengarten Pfalz - Riesling Kabinett 0,2 l 10.00 DM
trocken,

*Mit dem Wort „Traumschiff" wird letzthin etwas inflationär umgegangen. Die „Arkona" war, als sie noch „Astor" hieß tatsächlich ein Traumschiff-Fernsehstar. Mit ihrem guten Preis-Leistungs-Verhältnis hat sie sich längst einen Stammplatz in der Branche erobert.*

# *M.S. Arkona*

*Aus der Hinterlassenschaft der Flotte der Deutschen Seereederei Rostock der DDR wurde die „Arkona“ nach der Privatisierung übernommen und als Kreuzfahrtschiff im mittleren Marktsegment eingesetzt. Das 18.591 BRT große, 1980 in Hamburg gebaute Schiff führt, wie die gesamte Reederei, das Signet des seltenen Weißstorches, der in den Boddengewässern Mecklenburg-Vorpommerns heimisch ist. Vogelschutz ist ein besonderes Anliegen des Unternehmens, daher werden für die Bordkarten gerne Vogelmotive verwendet: der Fregattvogel, der sich bei der Balz rot aufplustert, und japanische Kraniche schmücken die Wein & Getränkekarte.*

88er Sommeracher Katzenkopf
Silvaner QbA
Erzeugerabfüllung Weingut Sommerach, Franken

87er Château Montaud Rosé
Côte de Provence A.O.C

87er Obertürkheimer Kirchberg
Trollinger QbA
Erzeugerabfüllung Württ. Weingärtner Zentralgen., Möglingen

## »Ostseemelodie«

Hausgebeizte Lachsforelle nach Schwedischem Rezept,
umhüllt mit einem Dill-Senfmantel,
angerichtet mit eigenem Kaviar und Meerrettich-Sauerrahm,
serviert mit einer Garnitur von Sommersalaten,
warme Roggenzöpfchen

Dänisches Edelschimmelcremesüppchen »Dana blu«
mit Spitzen von grünem Spargel
unter einer Blätterteighaube

Tranchen von Polnischer Frühmastentenbrust,
gefüllt mit einem Mousse von schwarzen Trüffeln,
gereicht mit glasierten Kaiserschoten und Karotten
begleitet von Steinpilznudeln in Sahne

Frisch geeistes Punsch-Sorbet mit einem Spritzer
von Norwegischem Aquavit verfeinert

Medaillon vom Elchkalbsrücken
nach Russischer Art und Weise zubereitet
mit Thymianbutter gespritzt
auf einer Sauerrahm-Haselnußsauce,
umgeben von einem Gemüsebouquet
dazu eine Kartoffelroulade mit Blattspinatfüllung

Eisparfait von Finnischen Lakka- und Preiselbeeren
im Dialog mit Mark von ebendiesen,
anbei ein gefülltes Hippenhörnchen
und Tartelette

Rumtrüffel, Nußkonfekt und Marzipanpralinen

Mocca

MS BERLIN, TRAVEMÜNDE, DEN 01. AUGUST 1989

## M.S. Berlin

*Fast ein Klassiker ist die 1980 in Kiel, Howaldtswerke-Deutsche Werft AG, für die Reederei Peter Deilmann gebaute „Berlin" (7.813 BRT). An Bord boten 150 Kabinen Platz für 330 Fahrgäste. So war es möglich, genau eine ganze Jumbo-Jet-Ladung an Fahrgästen aufzunehmen und sämtliche Passagiere in jedem Hafen der Welt auf einen Schlag auszuwechseln. 1986 wurde das Schiff jedoch um 17 Meter verlängert, die Kapazität stieg dadurch auf 470 Passagiere. Auch die „Berlin" wurde als „Traumschiff" in der TV-Serie eingesetzt.*

*Zum ersten Mal Menü-Karten auf denen auch wirklich ein Menü zu erkennen ist. Das Angebot jedenfalls macht sich verheißungsvoll.*

# Auf sieben Meeren: Guten Appetit!

**Freie Auswahl am Buffet, das Ende der Klassengesellschaft. Doch auf Hummer muß ein Kreuzfahrtpassagier nicht unbedingt verzichten.**

Willkommensessen. Gekühlte Früchte, Vorspeisen, Suppen, Eierspeise, Schalentiere, Fleischgerichte, Gemüse, Teigwaren, Kartoffeln, Salate, Salatmarinaden, Süßspeisen, Fruchtdessert, Eisspeisen, Käsebrett, Kaffee, Milchgetränke, Tee und der Hinweis: „Diätspeisen werden auf Wunsch zubereitet. Bitte wenden Sie sich an den Obersteward."

Lieber wendet man sich hin zur anderen Speisekartenseite: „Vorschlag des Chefkochs..." Pochierte Hechtschnitte? Oder Filet Wellington? Beides, den halben Hummer vorweg natürlich auch. Man kann ja beim „Bananen Split"-Dessert knausern. Oder doch gleich das „Menü mit wenig Kalorien"?: Pochiertes Filetstück, Diäteis.

Den Chefkoch kennt man schon. Der Kapitän hat ihn beim Begrüßungsempfang vorgestellt. Turmhohe Kochsmütze. Um den Hals eine Kette wie ein Bürgermeisterschmuck, auf dem breit silbern umrandeten Anhänger ein rotes Wappenschild auf blauem Grund: „Chaine des rotisseurs", uralter Koch- und Gastronomenadel, begründet Anno 1248 in Frankreich. Wo das „Chaine des rotisseurs"-Schild hängt, auf dem Schiff am Eingang zum Speisesaal, laß dich zu Tische nieder. Die „repeater", die Passagiere, die schon zwei, drei Reisen mitgemacht haben, klatschen bereits begründeten, die anderen Vorschußbeifall zu. Jemand raunte seiner Frau zu: „Der kocht wunderbar leicht." Denn: „schwere Küche" ist überall längst out.

Gala-Diner. Da zeigt sich wahre Liebe; die Frau hat ihre Portion Kaviar dem Manne überlassen. Gala-Buffet. Eine Viertelstunde vorher zur Besichtigung freigegeben. Andere fotografieren die Butter-Plastiken, die Konditor-Kunstwerke. Die Languste „Bellevue" wird man nehmen, na, ja, die Straßburger Gänseleberpastete auch. Oberdeck, man schaut fernen Lichtern nach, läßt das Meer in den Gedanken schwappen. Seeluft macht hungrig. Gute Ausrede. Man genehmigt sich an der Bar einen Night-cup, und noch einen. Seeluft kann auch durstig machen. Der Keeper? Profi, weiß, was guttut. Die Batterie der Flaschen? Lückenlos alles, was Namen mit Klang hat. Die Preise? Das Schiff ist Zoll-Ausland. Und am letzten Abend, wenn alle schon die Koffer packen: Kaltes Buffet. Man löffelt dann zu Hause drei Tage Magermilchsuppe und raucht Havannas, zollfrei.

*Vergängliches auf dem Buffet: Die „Europa", Flaggschiff der Reederei Hapag-Lloyd, in Butter modelliert.*

# Segelschiff Sea Cloud: Eine Klasse für sich

**Eine amerikanische Milliardärin ließ sich 1931 in Kiel eine Privatyacht mit goldenen Wasserhähnen bauen. Der Viermaster segelt noch immer. Heute genießen Kreuzfahrtpassagiere seinen klassischen Luxus.**

*Gustav, König von Schweden*

„Queen of the frozen fruits“, lästerten Reporter über das Schiff, wenn es, was selten vorkam, eine nordamerikanische Hafenstadt anlief. Eher lag es in Leningrad oder trieb sich vor der Riviera herum, wobei Herumtreiben in diesem Fall ein sehr unziemliches Wort ist. Vornehmer konnte sich ein Schiff kaum geben, und für die goldenen Wasserhähne im Bad, die man für ganz und gar nicht noblen Protz hätte halten können, hatte die Eignerin eine hausfrauliche Erklärung: man brauche sie nicht zu putzen. Einen sachlichen Kerngehalt hatte auch die spöttische Titulierung: Das Schiff war mit sechs Kühlräumen von zusammen 70 Kubikmetern ausgestattet, Temperatur von plus vier bis minus neun Grad Celsius, auch wenn das Meer noch so warm und die Luft tropisch heiß war. Kleinere Kühlboxen hatten zudem Küchen, Messen und Anrichten. Ein Spleen der Eignerin war das nicht. Sie hieß Marjorie Merriweather Post, verheiratete Mrs. Hutton. Wo große Hotels standen, auf Hawaii etwa, lud sie die Hoteliers oder gar König Gustav von Schweden zu Festen ein und führte ihnen vor, wie frisch das Gefriergemüse war, das in den Kühlräumen mitgeführt wurde, und wie gut die Konserven und der Pulverkaffee schmeckten. Sie waren alle Produkte des größten Lebensmittelkonzerns Amerikas, der General Foods Corporation. Sie gehörte ihr, geerbt vom Vater. Der 1914 gestorbene Charles William Post galt als Erfinder der Fertigkost und des pulverisierten Kaf-

*Unter dem Namen „Hussar“ trug die „Sea Cloud“ schwarzes Kleid. Im Dining Room Fische über der Tafel.*

*Marjorie Merriweather Post, jeder Zoll eine Dame und clever: Mutter der „Sea Cloud“ und der Tiefkühlkost.*

*Menu*

*Sea Cloud auf See*
*Mittwoch den 25. October 1995*

**Unsere Weinempfehlung**

*Muscadet de Sèvre et Maine '94*
*La grande Réserve du Moulin*
*Appelation Muscadet de Sèvre et Maine Contrôlée*

*Chai De Bordes Rouge '93*
*Bordeaux, AOC*
*Cheval Quancard*

**Mâitre De Cuisine:**
*Burkhard Struck*

*Menü-Karte nach dem Vorbild der Fensterbogen zum Salon der Luxusyacht*

**Captain Herwig´s Farewell Dinner**

*Hamburger Stubenküken*
*mit Avocado und Salate*
*der Saison*

***

*Eintopf von Edelfischen mit*
*Hummer - Maultaschen*

***

*Ananasrelisch mit Champagner*

***

*Marinierte Rinderfiletscheiben*
*mit Pilzen im Kartoffelnetz*

***

*Variation von der Pflaume*

***

*Petits Fours und Kaffee*

# *S.Y. Sea Cloud*

*Seit ihrer Indienststellung haben sich an Bord der „Sea Cloud“ gekrönte und ungekrönte Häupter der Welt ein Stelldichein gegeben. Die Namen der auf der Germania Werft in Kiel als „Hussar“ gebauten Yacht wechselten ebenso oft wie ihre Eigner. Hamburger Kaufleute erwarben den völlig heruntergekommenen Viermaster 1978 in Panama und sorgten für eine gründliche Renovierung. Der Charme dieses Schiffes, das bis zu 80 Passagiere unterbringen kann, liegt nicht nur in der geschmackvollen Ausstattung und den mehr als 3.000 Quadratmetern Segelfläche. Es ist vielmehr das Wissen, an lebendiger Geschichte teilzuhaben.*

*Buffet an Deck, Dinner im Speisesalon der „Sea Cloud“.*

*Besteck für vier Gänge, der erste ist aufgetragen.*

*Früher Privatsalon, heute zweiter Speisesaal mit Durchblick.*

fees und hatte ein Imperium von Firmen und Ladenketten aufgebaut. Barbara Hutton, die Erbin des Woolworth-Billigwarenhauskonzerns, die als die reichste Frau der Welt galt, war seine Nichte. Unermeßlich reich war auch seine Frau.

Lebensmittel verkaufen sich immer; die Bankenkräche und Firmenzusammenbrüche in jener Zeit, als das geschäftstüchtige Paar sich eine Yacht bauen ließ, nicht seine erste, berührten es nicht. Das Schiff entstand dort, wo in der Weltwirtschaftskrise die Werften besonders billig arbeiten mußten, in Deutschland. 1931 wurde es von der Kruppschen Germaniawerft in Kiel geliefert: die „Hussar", die größte Segelyacht der Welt, mit vier Dieseln für zwei Schrauben auch eine der stärksten Motoryachten auf dem Weltmeer.

Getakelt wurde das mit 2.439 BRT vermessene Schiff, 107 Meter lang, als Viermastbark. Sie hatte fast 3300 Quadratmeter Segelfläche, 72 Mann Besatzung, in schmucke Uniformen gewandet. „In die Rahen gingen wir eigentlich nur bei schönstem Wetter", haben sich „Hussar"-Veteranen erinnert. Auch unter Segel liefen die Motoren mit, um Strom für die elektrischen Anlagen zu erzeugen. Bis zu 19 Knoten Geschwindigkeit wurde erreicht.

Unter dem neuen Namen „Sea Cloud" segelt der Luxussegler nach seiner märchenhaften Vergangenheit seit 1978, einzigartig unter den Kreuzfahrtschiffen (76 Passagiere, 60 Mann Besatzung), als segelbegeisterte Hamburger Kaufleuten die „Sea Cloud" übernommen und vollständig restauriert wieder in Fahrt setzten. Erhalten geblieben ist mit der „Sea Cloud" lebendige Erinnerung sowohl an Windjammerzeiten wie an Liner-Luxus. Ein exklusiveres Schiff auf den sieben Meeren gibt es nicht.

▶
*107 Meter lang, ca. 3.300 Quadratmeter Segelfläche im Wind. In der Viermastbark „Sea Cloud" vereinigen sich Tradition und Luxus wie bei keinem zweiten Schiff der Kreuzfahrerflotte. Die einstige Privatyacht kreuzt heute meist in den Gewässern der Karibik.*

# Dank

Herausgeber und Verlag danken für tatkräftige Mitarbeit
und Zurverfügungstellung von Material:

Svante Domizlaff, Hamburg
Christian Hinneberg, Hamburg
Evelin Neumann, Braunschweig

Peter Deilmann-Reederei, Neustadt
Deutsche Afrika Linie, Hamburg
Deutsche Seereederei, Rostock
Hamburg-Südamerikanische Dampfschifffahrts-Gesellschaft Eggert & Amsinck, Hamburg
Hapag Lloyd AG, Hamburg
Sea Cloud Cruises GmbH, Hamburg
YPS Werbeagentur und Seephotographie, Hamburg